中央文明办 中国文明网　编

# 好人365故事
青少版 第四季

## 见义勇为

河北出版传媒集团
河北教育出版社

图书在版编目（CIP）数据

见义勇为 / 中央文明办中国文明网编. -- 石家庄：河北教育出版社，2021.12
（好人365故事：青少版. 第四季）
ISBN 978-7-5545-6827-9

Ⅰ.①见… Ⅱ.①中… Ⅲ.①精神文明建设—人物—先进事迹—中国 Ⅳ.①D648

中国版本图书馆CIP数据核字(2021)第248928号

好人365故事·青少版·第四季
### 见义勇为
JIANYI-YONGWEI

中央文明办中国文明网　编

| | |
|---|---|
| 出 版 人 | 董素山 |
| 责任编辑 | 张　畅　王旭瑞 |
| 装帧设计 | 牛亚勋 |
| 制　　作 | 徐春爽 |
| 出　　版 | 河北出版传媒集团<br>河北教育出版社　http://www.hbep.com<br>（石家庄市联盟路705号，050061） |
| 发　　行 | 全国新华书店 |
| 印　　刷 | 明玺印务（廊坊）有限公司 |
| 开　　本 | 787毫米×1092毫米　1/16 |
| 印　　张 | 7.25 |
| 版　　次 | 2021年12月第1版 |
| 印　　次 | 2021年12月第1次印刷 |
| 书　　号 | ISBN 978-7-5545-6827-9 |
| 定　　价 | 35.00元 |

版权所有　侵权必究

# 导读
DAODU

## 见义勇为——美德的传承和发扬

### 郭 艳

　　"见义勇为"是古代中国就推崇的品性和行为，也是值得中国青少年继承和发扬的品质。古代先贤有对"义"的经典论断，孔子《论语·为政》中曾说："见义不为，无勇也"，意思是一个人看到应该挺身而出的事情，却袖手旁观，是怯懦的人；反之，一个真正勇敢的人是见义而为的人。"义"是很高的品行标准，是"勇"所要捍卫的对象。从汉字字源的角度来看，"义"的金文字形是"羊"和"戈"的合体，这是一个会意字，羊从善从美，戈则是兵器仪仗，兵器和仪仗护卫着羊所寓意的美好，所以"义"即为正义，是合宜的道德、行为或者道理。"勇"的古体字形在甲骨文、金文中有三种字形，这三种古体"勇"字分别和"力""心""戈"有关，从心表示勇气、勇敢，从力和戈表示勇力。"勇"是实现"义"的必要条件。当一个人以自己的勇气、力量、武器、武功和诸多能力来保护值得保护的人和事的时候，就拥有了见义勇为的美德。

　　中国人历来提倡义和勇，有关于此的成语都是阳刚和奋进

的褒义，比如义薄云天、忠肝义胆、骁勇善战、勇冠三军等，语言以活化石的方式记录了人们对于这两种品性的诸多赞美。中国文化中褒扬行侠仗义的勇士，推崇智勇双全的人物，赞美深明大义的市井百姓，向往仁义忠勇的修养境界。由此可见，"勇"和"义"作为美德在中国源远流长。那么在衣食无虞的当下社会，见义勇为的美德是否依然作为一种精神血脉被国人所承继？这本书即记录了当下中国社会诸多见义勇为的人物，他们见义勇为的行为发生在各种极端危险的情况下，在面对危险和困境的时候，义士们第一时间想到的是：救命！救命于水火，救命于危急时刻！正是这种对于人的生命的守护，让他们在生死关头勇于付出；在命悬一线的情况下，依然大义在前，勇气可嘉。本书讲述了当代中国人如何勇于救护个体生命和捍卫社会正义，体现出中国普通人知义勇为的胸襟气度。

　　本书所记录的见义勇为的人物来自中华大地不同的地域，从平原到山地，从沿海到内地，从经济发达区域到边远欠发达地区……很多地方都闪现着见义勇为者的身影。这些救人于危难的人们具有不同的年龄结构，他们之中有的年过花甲，有的则非常年轻。他们来自不同的行业，但是无一例外的，他们都是在最危急时刻敢于挺身而出的人，有决断、有勇气、有能力的人。请记住这些以生命守护生命的人！可能我们记不住每一个人的名字，然而，我希望通过这种文字排列的方式郑重告诉少年朋友们：文字记录下这些义士们的名字，也记下了他们义行中所蕴含的人性的光亮和温度。通过本书的阅读，可以感同身受地体验到当代社会的"勇"和"义"，领略作为一种美德依然在中国大地上传承的见义勇为，可以更为深刻地理解人之为人的道义追求。少年读者们读到的是：以自己的"勇"去实践自己的良善愿望和慈悲心的一群人，他们是普通人，然而又是非常不平凡的人。

与此同时，对于青少年来说，"见义勇为"的前提是不能让自己受到伤害，应该在具备帮助他人的能力的条件下去"见义勇为"。

非常期待本书能够涵养和引领当下中国少年儿童的道德修养，让他们在阅读这些故事的过程中，懂得"义"和"勇"的宝贵。让我们的少年朋友们能够知义勇为，共同构建美好和谐的新时代。

（作者为著名儿童文学作家）

# 目 录
## MULU

"钢鞭哥"的刀尖火海……………………… 1

用尽生命最后的力量……………………… 6

湘江"救命星"……………………………… 9

梁门江畔的"守护神"……………………… 13

四入火场的平凡英雄……………………… 17

爱心理发师多次勇救落水儿童…………… 21

六旬老人托起生命之重…………………… 25

路遇险情勇入深河救三人………………… 28

挺身相救护团圆…………………………… 31

以身挡车 生命中的最后一堂课………… 35

勇闯火海的快递小哥……………………… 39

平凡交警的英雄本色……………………… 43

退役军人勇斗歹徒………………………… 46

白衣天使路遇伤情及时相救……………… 51

徒手捶窗力挽生命希望…………………… 55

奋不顾身跳水救下祖孙四人……………………………… 58

"最美小伙"冰水中连救五人……………………………… 62

中学教师勇救落水女孩……………………………………… 66

蟹农两次救人于"水火"…………………………………… 70

退役军人的本能选择………………………………………… 73

陆军士兵飞身救婴儿………………………………………… 76

救人不顾身　愿以命相换…………………………………… 80

"顶车姐"飞身挡车救三童………………………………… 83

做忠诚战士救人生死　当义勇英雄舍己死生……… 86

勇闯火海的"吊车侠"……………………………………… 91

手臂中的英勇与大爱………………………………………… 95

旅途中的仗义救援…………………………………………… 99

三入火海的逆行者…………………………………………… 102

# 后记……………………………………… 105

## "钢鞭哥"的刀尖火海

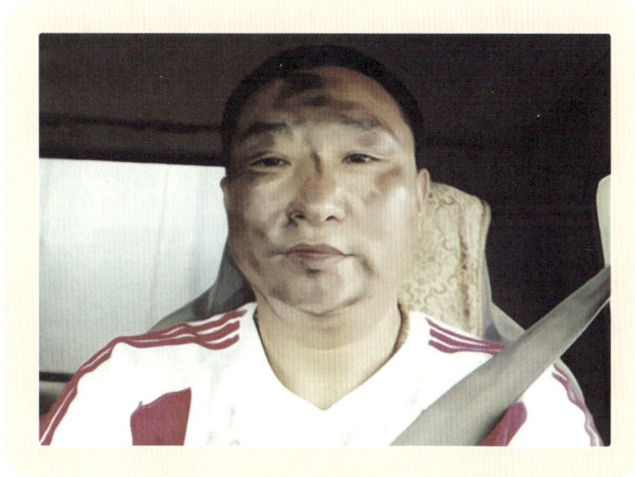

顾新，河南省周口市太康县朱口镇人。2018年6月4日早上5点30分左右，顾新驾驶货车途经商丘时，发现应急车道内有一辆满载货物的大货车起火了，浓烟滚滚，火势迅速蔓延。因缺乏灭火器具，货车司机眼睁睁看着货物被焚却束手无策。

火势再发展下去后果可不堪设想！顾新没有任何犹豫，立即停下车，抄起灭火器奔向起火车辆。火势凶猛，一个灭火器很快用尽。他又迅速回到车上，拿出水桶和脸盆，从车上的水箱中取水灭火。

这时，路过的司机也纷纷停下了车，为顾新提供灭火器。他站在最前方，不断用路人递来的灭火器和水桶向大火进攻。经过十几分钟的扑救，用光了数支灭火器，泼干了二十几桶水，大火才渐渐熄灭。

大火扑灭后，顾新被熏得"灰头土脸"，累得没有了一点力气。货车司机王师傅激动地紧紧握着顾新的手，不停地说着感谢的话。顾新说，再遇见这样的情况，他还是会选择救人、灭火。当现场群众对顾新的义举交口称赞时，他已启动车子继续赶路。大家把顾新救火的照片上传到网络，网友们纷纷转发和点赞，一时刷爆了朋友圈。

这已不是顾新第一次救火。2014年1月，顾新带着11岁的儿子到县里的一家快餐馆就餐。当时餐馆里生意火爆，有四五十位客人正在用餐。顾新和儿子正准备吃饭，突然听到后厨传来了震耳欲聋的爆炸声，同时有火苗从厨房门口蹿出。随后，一名头发已经燃着的女子双手捂着头从厨房内跑出来。"快来救火，快来救火，厨房还有俩液化气罐。"她一边跑一边喊。

见厨房火势猛烈，厨师和就餐人员都往外跑，现场一片混乱。

"儿子，快跑到门外去，爸爸去救火。"顾新一边对儿子喊着，一边快步跑到墙边拿起灭火器冲进厨房。在其他热心群众的帮助下，他用了十几个灭火器最终扑灭大火。等顾新救火出来时，他满身都是白色的泡沫，就像变了一个人，衣服也被烧烂了。

扑灭大火后，厨房柜台下面两个液化气罐还十分烫手。当顾新看到罐子的时候，不禁吓出了一身冷汗。

事实上，自小习武的顾新还曾多次"路见不平，拔刀相

## 见义勇为

助"。

2005年5月,广东省佛山市顺德区杏坛镇的街头,一名男子掂着一把砍刀追着一群人乱砍。这一幕被正在这里打工的顾新看到。他没有多想,一个箭步冲了上去,用双手紧紧握住歹徒的砍刀。搏斗中,顾新的左手大拇指和右手小拇指几乎被砍掉。而面对英勇

顽强的顾新,歹徒吓破了胆,丢下砍刀逃窜了。顾新被群众送进附近医院,经过一个月的治疗,他的两根手指才算保住。

2015年8月的一天,太康县教体局院内正要举行一场篮球比赛。途经教体局门口的两名男子停在路边争吵,越吵越激烈。忽然,其中一名男子从腰间拔出一把菜刀朝另一名男子砍去,被砍男子边跑边不停地大喊救命。

爱好钢鞭运动的顾新刚把钢鞭拿出来准备赛前表演,忽然听到人群里不知谁惊叫了一声,整个篮球赛场也乱作了一团,惊叫声不绝于耳。"快拨打110,拦住那个行凶男子。"顾新一边大喊,一

边丢掉手中的钢鞭迎了上去。很快，持刀男子再次追上被砍男子，朝着该男子背部又是狠狠一刀，男子随即倒地。持刀男子并没有收手，而是穷凶极恶地砍向了男子的头部。

"住手！"顾新一个箭步扑了上去，从后面一把抱住持刀男子的腰部，并迅速腾出右手使劲夺下他手中的菜刀。随后，一些群众围过来支援，大家一起将持刀男子制服。

太康县公安局建设路派出所民警赶到后，将持刀男子带走，而被砍男子也被120急救车送往医院抢救。

顾新的英勇举动引起了社会的广泛好评，为表彰其义举，顾新所在的公司先后两次召开大会，为他颁发了8000元奖金。周口市社会治安综合治理委员会授予顾新周口市"见义勇为先进个人"称号，并给予他5000元奖金。

看着手里的奖金，顾新却想着用它为社会做些什么。2015年8月，顾新用8000元奖金购买了米、面、油、棉被等生活用品，分别送到了太康县城郊的敬老院和公司部分贫困员工家中。2015年10月，经过考察，他拿出5000元奖金为太康县朱口镇大顾小学的学生购买了一批桌椅和羽毛球、乒乓球、跳绳等体育器材。2016年植树节当天，他又动员公司领导和河南恒科农业科技公司联合发起植树活动并提供价值50万元的树苗，让全县群众免费领走种植，为家乡添绿的义举，再次受到了社会的普遍赞誉。

听好人故事

## 用尽生命最后的力量

邓艾民是湖北省宜昌市的一名普通客车司机，驾龄30多年的他，专跑"神农架—宜昌"客运班线。这条线路必走209国道，这条公路一侧是大山，一侧是悬崖，悬崖下是香溪河。遇上雨天，山石松动、滚落并不鲜见。因此，"确保乘客安全"是客运公司和线路司机常念的"紧箍咒"。

2017年6月10日上午8点多，邓艾民驾驶客车从神农架木鱼镇出发，向宜昌方向行驶。途中天空下起雨，一路上雾气缭绕，大约8点50分，已进入209国道，山上开始不断有小石子掉落，砸在车身上发出"嘭嘭"的声响。邓艾民紧急减速，并往左打方向盘，绕过了落石。

## 见义勇为

突然间，一块直径两三米的大石从天而降，只听一声巨响，驾驶室一侧的挡风玻璃被砸穿，车上的十余名乘客发出阵阵尖叫。当时客车已经偏离方向，冲向道路左侧的护栏，眼看就要坠下悬崖。千钧一发之际，邓艾民没有丝毫犹豫，向右猛打方向盘，避免大石砸中右侧乘客。而他自己却被巨石砸中，造成重伤。他没有更多意识与力量去操作几近失控的客车，于是他用尽了最后一丝力气，拉动刹车手柄，采取了紧急制动。客车慢了下来，车身在护栏上擦过，然后彻底停住。

乘客们纷纷跑下了车，只有邓艾民趴在方向盘上，一动不动，头紧挨着石头。由于被大石砸中，他的面部、胸部、腹部受伤严重，尤其是左上肢，多处骨头外露，已是血肉模糊，但他的左手紧紧抓着刹车手柄。待救护车赶到时，他已经没有了生命体征……

在生命的最后关头，邓艾民选择了舍己为人、忠于职守，他用生命诠释了一名客运司机的责任与担当。

在同事们眼中，邓艾民一直是一个勤劳、纯朴的人，平时话不多，做起事来也很认真严谨。他自我要求严格，非常敬业，同事家里有事，请他帮忙代班，他从不推托。在整个车队里，邓艾民威望很高，每次开安全会，他都会主动分享自己多年积累的安全驾驶经验，告诫年轻驾驶员，开车不能打电话，发车前和收车后都要仔细对车子进行检查。从1984年拿到驾照，邓艾民先后跑过宜昌至秭归、仙桃、武汉等线路的客运，33年近万次的出车记录，无一起事故。

在生活中，邓艾民也是一位乐于助人、孝敬父母的好居民。虽然他常年在外，但左邻右舍对他都是交口称赞，邻居家谁有了困难，只要他知道的，就一定会主动去帮忙，为大家排忧解难。在父母眼中，他也是一名勤劳能干、孝敬老人的好儿子，他总是悉心安排老人的生活，隔三岔五就会打电话回家对老人们嘘寒问暖，只要回家就会给父母带回许多他们爱吃的点心。他一直用实际行动践行着社会主义核心价值观。

邓艾民的壮举感动了社会，他先后被追授"湖北省五一劳动奖章"和"宜昌市道德模范特别奖"。他的事迹经国家、省、市级媒体报道后感动了全国人民，大家为他在生命的最后时刻依然坚守职责的精神动容，也为他平日里的诸多凡人善举感动。

听好人故事

## 湘江"救命星"

　　李春生是湖南省衡阳市雁峰区环卫局一名普通的退休工人。40多年来，他17次救起落水人，从不图回报。李春生第一次救人是在1975年。那时候他正在湛江当兵，战友落水被海蜇蜇伤，李春生听到呼救，便跳下了水，救起了战友。

　　1979年，李春生退伍回到衡阳工作。2002年，他被安排到了雁峰区环卫局，无论在哪儿，游泳都是他工作之余最大的兴趣爱好，离不开水的他几乎每天下午5点左右都会在湘江边游泳一两个小时。多年的游泳经历，使得他在众多游泳者中能轻易分辨出游泳者是否溺水，并数次义无反顾地救起落水人。

　　如今已经年过花甲的李春生宝刀未老，从部队首次救人至

今，被他救下的溺水者已将近20人，他被周边居民称为湘江"救命星"。1985年夏天，他成功营救湘江边一位落水的女中学生；2003年夏天，他在湘江河边再救女学生；2009年夏天，他救起一名男生；2010年夏天，在狂风暴雨中施救落水女孩；2011年夏天，他与人合救一名女生和一名妇女；2013年，李春生从水中救起一名5岁的留守女孩，并将其送到环城南路派出所妥善安置。

每次救人之后，李春生都是直接离开，不留名字不讲回报，直到2013年7月，他成功救起衡南县栗江镇溺水者王桑后，王桑的父母为了找到恩人四处打听，经过几番周折才找到了李春生。当

# 见义勇为

他们感激涕零并拿出金钱表示感谢时,却被李春生婉言谢绝。至此,这位默默无名的救人英雄才"浮出水面"。可也就是这次,李春生差点付出生命。当时不幸溺水的王桑身高超过一米八,在危急关头,他死死抱住李春生的肚子,拼命挣扎拍打,李春生的肚子都被他打青了、抓破了,差点儿就和他一起沉入水中。这样的死里逃生,在李春生17次的救人经历中,已遇到过好几次,尽管每次事后都心有余悸,但遇到险情他依然义无反顾跳入水中。

　　熟悉李春生的人都知道,他每次救人都不留名,不讲利,事后直接离开。如果不是这次王桑努力找寻救人英雄,大家都不会知道李春生和他那些鲜为人知的救人故事。他没有惊天地泣鬼神

的英雄壮举，有的只是一颗默默无闻的赤子之心。

平时一起游泳的朋友都建议李春生组建一支水上救援队。李春生说："我年纪大了，过几年可能游不动了，但湘江的安宁还需要有人来守护。如果有一支成熟的水上救援队，不就可以帮助更多的人吗？"如今，他一边准备拿出几万元退休金，注册成立公益组织，发动更多的力量加入水上救援；一边坚持向省内外专业水上救援队学习经验。

"虽然每次下水都没有十足的把握，但作为一名老党员，保护人民生命财产安全是我的职责，做这些我心甘情愿并且乐在其中，更重要的是，有越来越多的年轻人加入，我很欣慰。"李春生每每说起这些时，总是无比满足。

听好人故事

# 梁门江畔的"守护神"

　　梁门江发源于湖南省邵阳市洞口县茶铺境内的香炉寨，奔流于洞口县竹市镇红旗村油榨组群山之间，弯弯曲曲，自西向东穿村而过。由于地势低洼，群山环抱，每当汛期来临，梁门江极易发生洪灾。梁门江上有一座古老的三墩三板石桥，梁开础的家就在石桥北面百米的地方。6岁那年，梁开础曾与母亲一起滑入水中，幸好被一个路过的陌生男子救起。从那时起，善良的种子就在梁开础心里生根发芽，救人成了他对恩人最好的回报和对生命的崇高礼赞。

　　1980年，梁开础在靖县一带打工。在一个叫磨石村的地方，河上搭了一座浮桥，两个10岁左右的小朋友放学经过时滑下浮桥跌入水中。眼看着两个孩子被河水吞没，梁开础发现后没有多想，沿着河岸追出五十多米，在一处洄湾跃入水中，一手一个将两个惊魂未定的孩子抱上岸。

1985年，同村油榨组村民梁伍英到梁门江对面山上采蘑菇，回家路过石板桥时脚一滑掉入了滚滚洪流。在田里干活的群众连忙大喊呼救，梁开础听到喊声立即冲出家门，一头扎进洪流中，快速游向梁伍英，抓住她的手返身游回了岸。

1999年6月，一场暴雨来袭，同村合元组村民孙红玉过桥挑水，不慎连人带桶落入水中。正在家吃饭的梁开础听到呼救声连忙丢下筷子一跃跳进水里。与洪水搏斗了十多分钟，梁开础才推着孙红玉游到了江边。

2006年6月，同村油榨组村民梁石柱7岁的儿子梁战友下水玩耍，不幸掉入深水处。梁开础发现后，将其救起。梁石柱和梁开础平时有些小摩擦，当看到梁开础不计前嫌救出他溺水的儿子时，他热泪盈眶，哭着说："开础兄，我以往对不住你，感谢你的大恩大德，来世为你当牛做马，我都心甘情愿。"

2008年5月，同村油榨组村民周顺娥到桥对面山上放牛，等她放牛回家再过桥时，突然上游洪峰呼啸而来，周顺娥和她的牛一起被卷入洪流。正在家门口的梁开础见状，迅速追到洪水转弯处，猛地扑入水中，一手从背面夹住周顺娥，一手划水，用尽全身力气把她送到了岸边。

2014年5月，同村和平组村民梁学平之子梁千，当时只有5

## 见义勇为
JIANYI-YONGWEI

岁,下水玩耍时误入深水处,在紧要关头,梁开础将他救起。

2014年7月,同村和平组村民梁开满6岁的外孙许杰下水玩耍掉入深水处。梁开础跑到出事地点,顾不得脱衣,沿着江岸一溜下水。在众人的协助下,许杰被救上岸,但却不省人事。梁开础根据以往的经验进行了急救,同时叫人找医生来抢救,将许杰从鬼门关救了回来。

梁门江缓缓流淌,感恩之情生生不息。梁开础的爱人说,每年的大年初一,他们家都会迎来一批重要的客人。被救上来的人每年都会来家里拜年。梁开础常常说这是他应该做的,乡里乡亲的不要太客气。对于村民们的种种感恩之举,梁开础也常常婉言谢绝。

生生不息，门前的梁门江和古老的三墩三板桥不会忘记；出生入死，让鲜活的生命得以重生；知恩图报，舍己为人的精神世代传承……年过七旬的梁开础用三十多年始终如一的行动唱响了梁门江畔的生命礼赞。

听好人故事

## 四入火场的平凡英雄

2018年1月23日上午,一声惊呼打破了广西梧州岑溪市北环新村往日的宁静,家住7栋的黄永坚突然听到门外传来呼喊声,他从窗户探头一看,只见旁边院子里浓烟滚滚。是着火了!他没有丝毫迟疑,当即向火场跑去。

得知着火民房内有两名小孩,黄永坚立即从邻居的车上找来了一把钢钎,与另外四名邻居一起,合力忙活了十多分钟才撬开已烤得发烫的铁门。黄永坚叫围观的村民将两块湿毛巾扔进去,提醒小孩用湿毛巾捂住鼻子,以免被烟熏到。门撬开了,黄永坚冲进烟火笼罩的屋子内。

他循着哭声找到了两名被困小孩。"当时想将他们两个一起

抱出去，无奈铁门变形，一次带不出两人。"黄永坚回忆说。在抱出一名小孩后，黄永坚再次钻入火场，将第二名小孩抱出。

可是，令人意外的一幕发生了，3岁的小女孩被救出后又跑回了着火的房间，嘴里还在嚷嚷："妈妈不让我出去的。"黄永坚见状，选择第三次冲进去！由于屋内浓烟弥漫，可见度很低，眼睛不但睁不开，还被烟熏得直流泪，他的左眼角被门框割伤了。

最终，循着孩子的哭喊声，黄永坚再次将小女孩抱出。围观的群众看到黄永坚眼角流血，都劝他去医院包扎。但黄永坚还惦记着邻居孩子的安危，他知道邻居家有三个孩子，他担心可能还有小孩被困。于是，他从妻子手中接过一把纸巾，按住血流不止的伤口，再次冲进火场，直到确定屋内没有被困小孩后才撤出。

## 见义勇为
JIANYI-YONGWEI

　　黄永坚的见义勇为并不是偶然。2011年，在广西北海旅游的黄永坚听到小孩的呼救声，有一个12岁的小孩溺水了，他顾不上脱衣服和放下手机，直接跳下水奋力将孩子救了上来。面对一动不动的孩子，黄永坚不想就这么放弃，他双手抓着孩子的脚提起来，惊喜地发现脚会动，他立刻用膝盖按压孩子的腹部，把水逼出来，孩子最终获救。

　　2017年，岑溪北环小区有一个2岁的小女孩从六楼阳台上摔下来。看到小女孩气息奄奄，黄永坚第一时间为小女孩做人工呼

吸。由于救护及时，小女孩经医院救治捡回了性命。

在黄永坚的故乡广东省罗定市桃子埇，他在乡亲中威望很高，难啃的老人抚养、邻里纠纷、兄弟反目、夫妻不和等家庭争执难题，他都是调解能手。在岑溪北环小区，黄永坚同样深受邻里信赖，人们总喜欢找他调解邻里和家庭纠纷。大事面前不却步，琐碎之中不厌烦，这就是一个普通人身上闪耀的光芒。

听好人故事

## 爱心理发师多次勇救落水儿童

四十多年前，年仅20岁的郑兴昌继承父业，在浙江省宁波市江北区庄桥街道童家老街开起了理发店。他秉承诚信理念，始终坚持以最低的价格、最优的服务为街坊邻居理发。这些年，他还一次次救起一个又一个孩子，成为大家心中的英雄。

那些年，家中成年人一般都忙于生产队的劳动，小孩子只能自己在家里玩。那时河道上还没有完善的防护措施，小孩子一不小心就有可能掉进河塘里。加上老街的河道水又特别深，水性不好的孩子在河边玩很容易出事。

1975年夏天，正值暴雨时期，一个小孩突然掉进了河里。孩子用小手拼命地拍打河水，但完全没有办法自救，情况十分危

急。郑兴昌正好路过，看到溺水的孩子，他立即放下手中的理发工具，跑到河边，一头扎进河里把孩子拖上岸来。当时孩子已不省人事，见此情景，郑兴昌坐到地上，一只手提起孩子的脚，让他趴在自己腿上，另一只手轻拍孩子屁股，并左右摇晃其背部，顷刻间，孩子大口大口地吐出水来。孩子得救了！

还有一次，一对同胞姐妹玩耍时不幸掉进河里。面对湍急的水流，郑兴昌二话没说，跳进河里就救上来其中一个孩子。被救的小女孩指着河里喊着："还有我的小妹妹也掉到河里去了！"但是，当时河面上已经没有了人影。情况万分紧急，郑兴昌赶紧跳回河里摸索，当摸到桥边时，还好孩子浮了起来。他立即采用急救方法，总算把她从鬼门关拉了回来。姐妹俩回到家里，把事情的经过告诉了父母。两个女孩的父母上门表示谢意，郑兴昌却摆摆手说："现在不用谢，等到女儿出嫁吃包喜糖就可以了。"

就这样，四十多年来，郑兴昌一共救起12名落水儿童。说起自己救人的经历，他说，看到孩子落水，心中就特别急，无论是寒冬水冻或是水流湍急，救人都是第一位的。他说："这并不值得夸奖，小孩子掉入水里了，大家看到都会去救的嘛！"

实际上，郑兴昌令人感动的不仅仅是他的见义勇为。在村民看来，他是个不折不扣的好人。开店至今，他店里的收费一直是最低的，起先别人家理发收2角、3角，他收1角、2角，现在别人家理同样的发型至少收15元，他却只收10元。平常碰到家庭条件困难的邻居来理发时，他都直接免单，遇到他们实在要给的时候，碍于面子，他就说："这次不急，下次一起付！"因此，村民都评价他："钞票没赚到，好事却做了一箩筐。"

由于常年低头理发，郑兴昌的颈椎出了问题，经常痛得难受。2017年,他又做了心脏手术。即便如此,他依旧坚持上午去理发店里给老主顾们理发。

  郑兴昌和老伴年纪渐渐大了,俩人都有社保,子女家庭条件也很好。有人劝他早点关门,他却说,理发是自己的本职,也是为了完成父辈遗愿,只要能干一天,就要一直做下去,服务好每一位顾客。

听好人故事

## 六旬老人托起生命之重

年过花甲的庄技新老人是江苏省无锡市惠山区舜柯社区的一位普通市民，也是一名老党员。平日里，邻居和同事谁家遇上了难事，他总是第一时间前去关心，是大家公认的"热心肠"。

2017年7月20日，无锡正值酷暑天。下午1点多，正是一天中最热的时候，太阳晒得人睁不开眼。当时，庄技新正和朋友喝茶聊天，突然接到电话，说附近有人落井了，于是他赶紧和朋友一起，穿着拖鞋就跑向了落井地点。

来到现场后，他们发现，一位老太掉进了一口还在使用的老式古井里。在他们到来前，最先发现的村民已经试图用绳索相救，但没有成功。了解情况后，庄技新二话不说，就把绳子绑在自己身上，然后三两下就下到了井里。当时，井里的水面离井口足有5米，到井下后他才看到，水都没到了落井老太的下巴，而老太的脑袋正流血不止，说话已经不清晰，情况相当危急。

怎么办？如果老太在井里待久了，不但身体可能会因为井水太凉而抽筋，而且伤口也可能恶化。考虑到此，他决定把老人从水里拉上来。于是，他将自己的双脚呈扎马步状卡在井的两壁，然后硬生生地将160斤左右的老太托举起来，然后等待消防人员前来救援。围在井边的人也想过很多办法，想用绳子将她拉上去，但考虑到老太的体重，怕承受不住，另外也担心生拉硬拽对她造成二次伤害，只好放弃。

烈日当空，气温逼近40摄氏度，井中环境潮湿闷热，怕庄技新和老太在井下闷坏，大家还搬来电扇往下吹风。而因无处借力，130斤的庄技新就那样一直横抱着比他还要重30斤的老太坚持着。为了让老人保持清醒，庄技新一边托举老太，一边和老人聊天，鼓励她不要气馁，一边给自己打气，不断地告诉自己，一定要坚持到消防人员赶来。他说，幸亏自己

## 见义勇为

每天爬山锻炼，所以才能支持那么长时间。但是，作为一个已经六十多岁的人，那样的托举负担还是相当大的，好在消防人员及时赶来，大家成功地将落井老太救出。

事后，他悄悄离开，也没再提这事。但是事情却在当地传开了，最终媒体多方寻找，将他的义举报道了出来。

面对众人的赞扬，庄技新却谦虚地表示这没什么："救人本来就是应该做的事情，是大家一起的功劳，不是我一个人的！"而当被问及下井时是否害怕，庄技新笑了："当时只想着把人救出来，下井是我的本能反应。在坚持的一个多小时里，双臂双脚紧绷得早已麻木，但我总想着再坚持一会儿就好。"

后来，大家发现他走路时有点一瘸一拐，细问之下才得知由于那天持续托举用力过猛，导致他的双脚不时抽筋。

"相比一条人命，这点小伤根本不算什么。即便此时又有人发生意外，我还是会第一时间前去救援。人生在世嘛，给后人留点积极的精神是最重要的。"庄技新说。

听好人故事

## 路遇险情勇入深河救三人

仓红军是一名充满正义感的青年。前几年，他在江苏省宿迁市泗阳县集镇区庄东河西边购买了一套房子，利用自己在张家港和朋友合资开理发工具厂的有利条件，开办了一家理发美发器材兼洗化用品批发部。

2017年10月4日，恰逢农历八月十五中秋佳节。那天晚上，仓红军一家正围坐在一起，吃着喜庆团圆饭。这时，两位男子拉开了他们家批发部的卷帘门。来人进来就对仓红军说："仓老板，今天下午幸亏您及时下河施救，要不然几个家庭今晚都团圆不了啦。您是我们几家的救命恩人啊！"

回想起下水救人那一幕，仓红军感到既激动又欣慰。

## 见义勇为

当天中午,仓红军带着妻子、子女回到农科村老家过节。下午3点钟左右,正当仓红军返回自己经营的批发部时,坐在副驾驶的妻子突然惊叫道:"红军,快!出事了!你看那辆车……"

一听这话,仓红军把头往右边一转,只见一辆面包车跨过路牙石,撞倒绿化树后,直接冲到路边的河岸,距离水面仅有2米多。仓红军连忙把车停了下来,向出事现场奔去。到了跟前,那辆车已经一头扎进宽20米、深2米多的庄东河里,很快便大半没入水下,向下游的深水区漂去。车内3名驾乘人员正费力地拳打脚蹬,想通过各种方法打开车门,但由于水的压力太大,车门怎么也打不开,车窗玻璃也丝毫不动,情况十分危急!

来不及细想,仓红军立即扯下外套,一头跳入河中,全速向落水车辆游去。游近落水面包车时,由于河水较深,自身又未携带工具,仓红军无法打开车门或砸破玻璃。

仓红军迅速冷静下来,一边沉着地用手势示意车内3人不要惊慌,保持安静,以维持车辆平衡,防止车辆快速滑向深水区,给救援带来更大困难;一边游向车辆另一侧,拼尽全身力气,将车子向距离40米的西岸浅水区奋力地推去。

仓红军费尽九牛二虎之力,终于使车辆接近了浅水区。他顾不上喘一口气,立即开始设法打开车门。终于,车门被拉开了。在他的帮助下,车内3人钻离出事车辆。整个施救过程只用了15分钟。时间虽然不算长,却是仓红军争分夺秒地用超越自身极限的生命时速,为车内人员平安脱险赢得的宝贵一刻。

十月的泗阳，天气已经很凉了，当天还下着中雨，河水冰凉。救人后，仓红军悄然回到家，直到躺进被窝里身体还冻得瑟瑟发抖，妻子忙给他端上热姜汤驱寒。

事后，仓红军被授予"见义勇为积极分子"荣誉称号，并获得奖金1500元。仓红军领到奖金后，立即联系爱心组织，把奖金定向捐给泗阳县10名贫困学生，他还申请加入了泗阳县博爱志愿者协会，积极参加协会开展的各项志愿服务活动，每年都会捐献2000元用于资助贫困学生。

听好人故事

## 挺身相救护团圆

2018年2月18日大年初三，休假在家的温光民正准备和家人吃晚饭，听到门外有人呼救，便迅速冲出屋子。只见一辆面包车翻到阜南县腰庄村附近的河中，车头朝下，正在下沉。

出事的是安徽省阜阳市经济技术开发区的孙文一家。那天孙文带着妻子和三个孩子去丈母娘家吃饭，席间他喝了点酒，返程由妻子张晓琳开车。由于雨天路滑，再加上张晓琳驾驶技术不熟练，车便翻入了河中。

在事故发生后，夫妻俩奋力将前挡风玻璃踹破，将九岁的女儿和一岁半的小儿子拉了出来，但七岁的大儿子由于坐在最后排，没能及时脱险。

温光民看到夫妻二人各抱着一个孩子在水中挣扎，立马脱下羽绒服，跳入河水中向面包车游去。接近面包车后，温光民一手拽一个，将抱着孩子的夫妻俩拼命往岸边拉。

"我还有一个孩子在车里！"被温光民拉上岸的张晓琳嘶喊。温光民又返身跳入水中，潜入水底钻进车内试图找到钥匙打开后备厢门，但努力两次都没有摸到钥匙，反被冰冷浑浊的河水冻得直打哆嗦。当时，车内小孩因寒冷和缺氧而窒息，已停止敲击挡风玻璃，孩子母亲哭得声嘶力竭，父亲几乎绝望。

凭着多年的驾驶经验，温光民果断阻止其他村民砸窗救人、容易造成二次伤害的举动。他两次潜水试图打开侧门，却因侧门被挤压严重变形未能打开。此时的温光民感觉身体越来越僵，手脚不停发抖，大脑也越来越沉，他清楚自己快撑不住了。尽管他受过专业训练，但河水冰冷，冬装浸水后又格外沉重，再加上破窗和打开后备厢并不顺利，到最后已是体力不支。于是他再次调整策略，他把手指插入后门缝隙，用脚蹬后厢板猛力拉车门。一次、两次，车门松动了。这时，他呛了一口水，换了口气后第三次发力，使尽全身力气硬生生地把车门拉开了。他迅速钻进车内，将小孩抱出来游回了岸边。此时男孩已经脸色发青，没有了知觉，温光民又迅速采取按胸、人工呼吸等方式急救，随后救护车赶来将孩子送往医院。

在看到救护车将受伤的两名孩子送往医院后，浑身湿透的温光民才转身离去。

急救的医生说，如果孩子再晚一二分钟救上来，可能就会有生命危险。温光民救人的过程持续了四分多钟，这是在与死神竞速。

温光民救人的事迹通过网络传播后，大家渐渐了解了这位勇敢的英雄。温光民是一名转业军人，是一名有着17年军龄的空降兵战士，现为安徽省阜南县文明城市创建中心工作人员。短短几天内，温光民救人视频的点击率超过2亿次，一时间引起了全社会的广泛关注和赞许。2019年9月，温光民荣获第七届"全国道德模范提名奖"。

温光民谦虚地说："当时也没想那么多，脑海里只有一个念头，救人！跳下去才知道水那么冷，我都受不了，更何况孩子。要救不了他，我会内疚一辈子。再说，人民群众处于危难，我们军人挺身而出，责无旁贷……"

在我们身边有许多共产党员，在平凡的工作生活中，用实际行动为党旗增光添彩。温光民就是这样一名共产党员，他立身为旗，传承雷锋精神，传播正能量，为当代青年立起学习的标杆和榜样。

听好人故事

# 以身挡车　生命中的最后一堂课

2018年6月11日17时51分，河南省信阳市浉河区董家河镇绿之风小学校门外50米的红绿灯路口处，老师们正护送着放学的孩子依次过马路。二年级的语文老师李芳也在其中，她正站在路口，护送着孩子们往马路的另一边走去。一场意外就这样猝不及防地发生了。

事情发生得太过突然，周围人还没反应过来，一辆装满西瓜的失控三轮车忽然从高坡上冲了下来。就在一瞬间，李芳老师呼喊着推开四个孩子，挺身护在了他们身前。

五年级学生小曹当时听到了一声大喊，只见飞驰的三轮车直直地向李芳老师的身上撞去，并连带剐倒了那四名同学。另一位张老师也听见了李芳老师的大声呼喊与随之而来的巨响，李芳老师躺在了地上，孩子们吓得哭起来。张老师冲过去抢救，而李芳老师已经不省人事。

三轮车的惯性很大，撞了李芳老师后又冲了很远，车头撞上三层台阶后才停住。要不是李芳老师推开孩子们，后果不堪设想。

经过诊治，四名同学的伤都没有大碍了。其中三个孩子属于轻外伤，已经回家，另一个孩子的头部缝了6针，但神志清醒。

李芳老师则被紧急送往了一五四医院，经检查诊断，确定为脑部颅骨骨折，脑组织大面积出血。转至信阳市中心医院后，医院紧急联系了武汉协和医院、同济医院的多位专家远程会诊。但是，李芳老师的自主呼吸渐渐衰竭，医护人员经过一天两夜的奋力抢救后，仍然没能挽救李芳老师的生命。2018年6月13日凌晨4时40分，李芳老师平静地离开了。

绿之风小学是一所位置相对偏僻的乡村希望小学，李芳老师来到这里工作已近30年了。13日清晨，消息传回学校，老师和孩子们

# 见义勇为

哭声一片,"李老师再也不会出现在校园、不会回到讲台了,我们想她"。

事情发生的前一周,李芳老师刚刚度过49岁生日。她是农家的女儿,20岁从原信阳师范学校毕业,正式成为一名乡村教师,从最初分配的谢畈小学,到撤校后来到绿之风希望小学任教至今,默默耕耘近30年,作为一名优秀的共产党员,生死的一瞬间,她把生的希望留给了孩子们。

6月14日,在祭奠李芳老师的灵堂内,不断有周围的乡亲和附近的学生家长前来送行。

郝翠玲老师与李芳老师同住在教师公寓里,得知李芳用自己的身体去阻挡冲向学生的失控三轮车,她说她一点也没觉得意外,因为在大家心里,李芳就是这样一个人。郝翠玲老师哭得哽咽:"只是万万没有想到,她这次的选择却成为我们之间的永别。"

李芳老师住的单间双人宿舍,条件虽简陋,但被她精心装饰得无比温馨:她的床铺悬挂着蚊帐,衣服物品叠放得整整齐齐,窗外还有她培育的绿植……

在绿之风希望小学的教务处，李老师生前教过的二年级（3）班学生李星月，正在用稚嫩的小手工工整整地写着给李老师的悼念词："老师，我还记得您刚接手我们班时，您办公室还在那边教学楼二楼。有一次下大雨，我交作业时把头发都淋湿了。您知道这件事后，特意把办公室搬到了一楼。从那以后，我交作业再也不用淋雨和晒太阳了。老师，谢谢您总为我们考虑。"

李芳的丈夫代业明是国家电网信阳供电公司变电检修公司电气试验一班成员、共产党员服务队队员。结婚30年来，夫妻两地分居，但感情始终很好。独生女代雨辰是信阳明港公安分局的一名辅警。一家三口在三个不同的地方默默地支持着彼此的工作，只有在周末不忙的时候，三口之家才能迎来短暂的相聚。这个周末，本是女儿参加邻省湖北广水公务员面试的时间，李芳本已答应陪笔试第一名的女儿一同前往。可如今，母女二人已天人永隔。

李芳家的邻居听说了此事也是泪眼婆娑地赶来。"那天上午，她还带了几个韭菜包子给我小孙子吃呢……多好的老师呀，怎么就这样说走就走了呢！"

信阳市委副书记刘国栋说："她用抉择教给了学生们最后一道题，她用生命完成了最后一堂课，她永远是我们心目中的最美老师！"

听好人故事

## 勇闯火海的快递小哥

2018年5月26日21点30分左右,广西梧州市藤县金鸡镇一家五金店发生火灾。五金店就在天乐街大道旁的居民楼里,当时,五金店老板娘正在邻居家串门聊天,忽然门外噼里啪啦、火光四射,瞬间点亮了金鸡镇的夜空。

老板娘闻声而出,发现家里着火了。距离五金店200米远的中通快递网点负责人唐基木当时正在店里进行当天的数据上报和信息反馈,嘈杂的呼喊声和蜂拥而至的围观人群引起了他的注意,他循声赶来。

老板娘在门前哭得撕心裂肺,无助地喊着"救孩子"。

当得知老板娘4岁左右的孩子还在火场,唐基木立马赶回店内取来灭火器。火势不等人,短短一两分钟里,蔓延的火势夹杂着电线短路的炸裂声和席卷而来的热浪,犹如一头猛兽,肆意张狂,让人已不能靠近门口半分。唐基木手里的灭火器,早已无能为力。

唐基木当即询问了小孩的位置,由于着火点靠近大门,要从正门进入店内几乎不可能,他想到门面有个后门,能通往屋后的巷子。于是,他当机立断,马上奔向后门,翻过了2米高的山体防护栏,进屋救人。

唐基木破门而入后,发现店内火势逐渐蔓延,屋内浓烟滚滚,根本看不清前方的路,给救人带来困难。唐基木急中生智,打开后门,后门一开,浓烟立刻灌进了楼梯口,视野清晰了不少。

唐基木拎来一桶水,猛地泼向熊熊大火,连泼几桶水后,打开了一条通往店主房间的通道。他踹门而入,打开了手机手电筒,发现孩子趴在地上一动不动。他当即抱起孩子拍了拍后背,孩子咳嗽起来。孩子的全身都被烟熏得黑漆漆的,连鼻涕都是黑色的,情况非常危急。

唐基木抱起孩子冲了出来。来到后门时,看着山体防护栏,他死死地抱着孩子,手脚并用翻了过去,手脚都遭到了不同程度的擦伤。他将孩子交给了前来救助的工作人员,孩子被立即送往金鸡卫生院紧急救护。

救出一名孩子后,唐基木得知这家一共三个孩子,大女儿当

# 见义勇为
JIANYI—YONGWEI

时在外面,除了救出来的小儿子,还有一个孩子不知道在哪里。唐基木再次返回火场寻找,确认店主的二儿子不在火场后,唐基木又立即加入救助楼上被困人员的行动中。

得知五楼还有四人没逃出后,唐基木选择从楼顶展开营救。在村支书的帮助下,他们找来绳索从顶楼放下,再用编织袋将一名4个月的婴儿、一名6岁左右的儿童拉上楼顶,然后又把绳索绑在被困大人身上,成功将他们救出。

被浓烟熏晕的孩子经过救治已无大碍。大火被扑灭后,唐基木回到家时,已接近凌晨。

　　火灾发生的第二天,有记者登门采访,当问及为什么能不顾危险、毅然决然闯入火场时,唐基木回答:"看到孩子母亲当时的状态,自己也是有孩子的,当时情况危急,无论如何我都要去试一试,起码还有机会,我就去了。"

　　大家都称唐基木为平民英雄,他却说自己只是做了应该做的,被困于火场的都是一条条鲜活的生命,换谁都会这样做的,而且当时进去救人的不止他一个,有些人连姓名都没留下就匆匆离开了,这些人才是真正的平民英雄!

听好人故事

## 平凡交警的英雄本色

在陈锐的印象中,从小时候起,父亲就常年奔波在外,没少被母亲埋怨,自己也常常不理解。直到一次父亲开车带他回乡的路上,目睹了一场突发车祸。当时,父亲立即在路边停车,下车查看,血肉淋漓的现场让陈锐感到害怕和震惊,当事人惊呼求救、围观的路人一拥而上,更是让现场混乱不堪。

陈锐看着父亲镇定地亮明了警察身份,打电话报警,立即指挥现场人员将被困伤者救出,并对部分伤者进行止血急救。眼看现场从一片混乱变得有条不紊,伤者被救护车及时地救离,那一刻父亲的背影在陈锐的眼中变得神圣而高大。这一次和父亲的外出,彻底颠覆了陈锐对警察职业的印象,陈锐心中便立下了从警的志愿。

长大成人后，陈锐实现了少年立下的志愿，成为安徽省铜陵市公安局交通支队一大队的民警。每天，按部就班地执勤是他的日常工作。

2017年2月28日晚高峰时段，一名女子在经过铜陵市北京路斑马线时，突然心脏骤停、晕倒在地，陈锐见情况危急，赶紧跑过去查看。经过快速检查，陈锐发现她处于休克状态，脉搏、呼吸都很弱，他边检查边拨打急救电话："北京路西路十字路口有人突然晕倒，现在已经休克……"

在等待救援的过程中，陈锐对晕倒女士实施了心肺复苏、人工呼吸等急救措施，成功抓住了抢救生命的"黄金4分钟"，女患者最终成功获救。

陈锐救人的事迹迅速受到社会广泛关注，现场救人的视频播放次数达1300多万次。

其实，帮助他人早已成为陈锐的个人"爱好"。

2009年至2016年间，陈锐在铜陵市公安局交警支队高速大队工作。2015年一个飘着雪花的冬夜，陈锐和同事在高速路上巡逻时，发现一辆车打着双闪，停靠在应急车道上。近前一问，原来是一名外地驾驶员周某因出发前疏忽了对车辆的检查，导致车辆行驶至铜陵的高速途中燃油用尽熄了火。陈锐一面安慰周某不要着急，一面帮助他设置好停车警示标志，之后驱车带领周某来到顺安休息区加油站借桶加油，让周某得以成功返乡。

# 见义勇为
JIANYI-YONGWEI

  高速公路是陆上交通生命线，更是联结五湖四海人民感情的"归家线"，遇到节假日和恶劣天气，陈锐和交警们仍会坚守在一线。

  2016年大年三十，家家户户都在吃团圆饭，而忙碌了一上午的陈锐却在默默地吃着一个人的年饭。

  这时，他接到了一个群众的求助电话，一名群众不慎将幼女落在辖区沪渝高速上行线顺安停车区内，请求高速交警帮忙。正在吃饭的陈锐匆忙放下碗筷，迅速出警，仅用了20分钟就找到了蹲坐在顺安停车区附近匝道绿化带内哭泣的小女孩，并将孩子带回大队安全交到其父母的手中。

  一向谦逊的陈锐总是说："无论在哪个岗位，都要踏踏实实干好本职工作，多帮助一个人，就多收获一份快乐。"

听好人故事

## 退役军人勇斗歹徒

2018年9月8日7点,对吕保民来说是一个特殊的早晨。河北省石家庄市无极县东中铺菜市场早市上人头攒动,在无极县南汪村开小卖部的翟佳成和母亲曹爱芳一大早就来到县城进货。进完货准备离开时,一名中年背包男子突然抢夺翟佳成母亲手中的挎包。

"抢劫啊!"翟佳成见状大喊一声,随后母子二人便与抢包男子争执起来。

这时,该男子突然从包里掏出一把匕首,对着翟佳成就捅了过去,顿时血流如注。

"救救我孩子!救救我孩子!"曹爱芳呼喊着。

## 见义勇为

　　母子二人与歹徒拉扯的情景引起了市场里鸡蛋摊主吕保民的注意。"你要干什么！把刀放下！"吕保民大喝一声，疾步上前制止。

　　为防止歹徒继续伤害无辜，吕保民看准时机，从背后一把抱住歹徒，另一只手握住了歹徒持刀的右臂。不承想，歹徒将匕首换到左手，吕保民挨了几刀。

　　歹徒几次想夺路逃窜，已身中数刀的吕保民却紧追不舍，与随后赶来的热心市民合力将歹徒制服。

　　这时，现场群众才发现吕保民的胸口鲜血淋漓，脸色蜡黄，汗衫已经被鲜血浸透。送到医院时，吕保民已经处于休克状态。

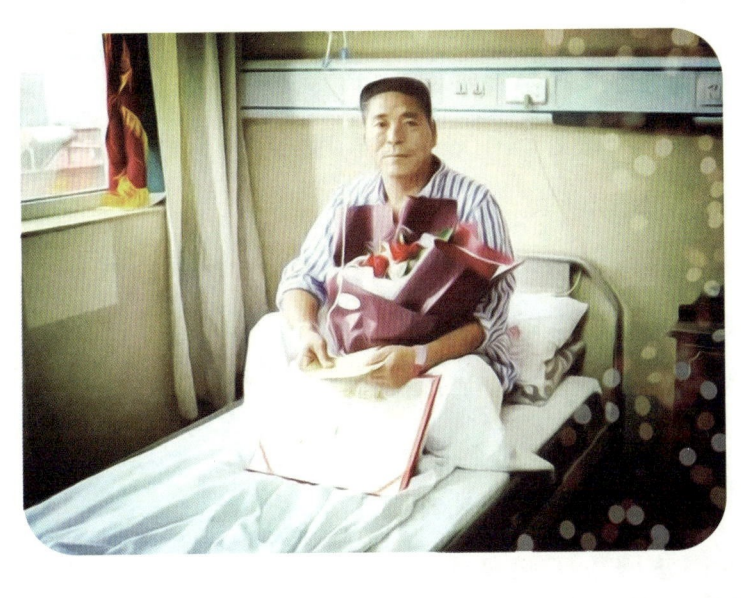

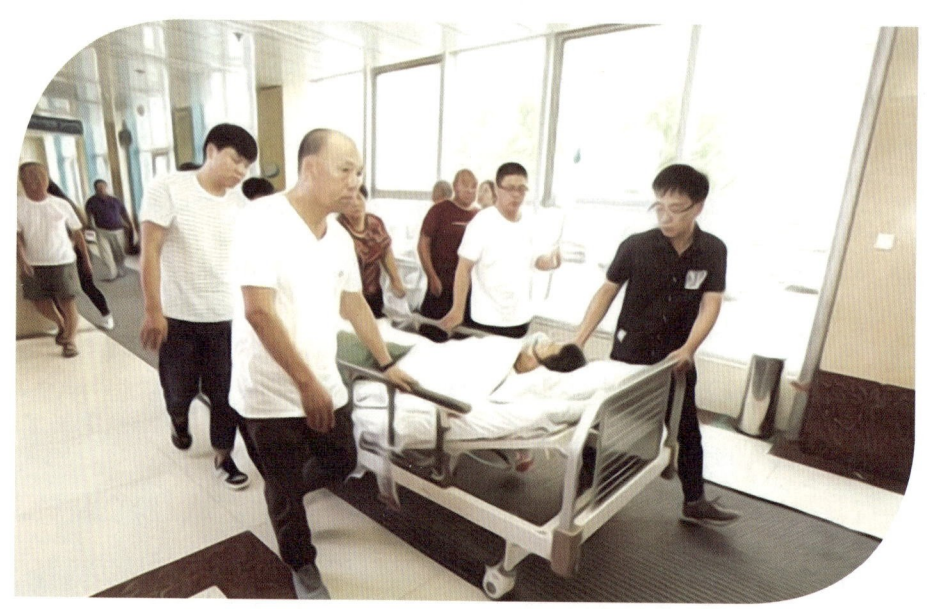

受害人翟佳成经抢救无效不幸离世。经无极县医院初步诊断，吕保民身上被刺中5刀，其中最为严重的是右胸部伴发肋骨骨折，左下侧腹部多侧肌肉断裂。

经过手术和10多天ICU病房的观察治疗，吕保民伤情趋于稳定，伤愈后便可回家休养。

有人问他："歹徒手里拿着刀，不害怕吗？"

"咱当过兵，没什么犹豫的，救人要紧，就是想制止他，不让他再伤人了。"吕保民回忆起当时的情景说。

吕保民曾服役于武警北京总队某支队。服役期间因表现突出，先后两次受到部队嘉奖。服役时吕保民的主要任务是值勤，

## 见义勇为

"天热不擦汗,虫咬不伸手,天冷不跺脚",这些是哨兵的基本功,部队的严格训练锻炼了他勇敢担当的品质。

退役后,吕保民搞过维修,开过出租车,还做过小买卖,近十来年一直从事鸡蛋批发生意。

"保民是个老实人,还是个热心肠。"东中铺村党支部书记陈国忠说,"谁家有事,他都去帮忙。"

村民吕大茂的岳母被车撞了,吕保民主动联系其家人,并跟着送到医院;村民王梦江的腿突然不能走路了,吕保民主动开车将其送到石家庄市第三医院;村里许造堂老人不慎走丢,吕保民带领乡亲们找了半夜……在村民心中,哪里有需要,吕保民就会出现在哪里。

"入伍的第一堂课,部队就告诉我们,军人的宗旨是为人民服务。"吕保民说,"部队的教育就像我的名字一样,保民,保护人民群众,这一点我一直刻在心里。"

吕保民见义勇为的事迹引发众多媒体和网友的广泛关注——"老兵,好样的!""向英雄致敬!""有责任,有担当!"……

东中铺村向吕保民家属送上了全体村干部捐献的2000元慰问金。从保定慕名而来的一对夫妻赶到无极县人民医院,为吕保民献上了"浴血擒贼,感动人间"的锦旗,并送上了500元慰问金。事后,吕保民先后被授予"河北好人""石家庄市文明公民标兵""石家庄市见义勇为模范"等称号。

"我只是一名普通的退役军人,为人民服务是我应该做的。以后遇到这种事我还会挺身而出!"吕保民说。

听好人故事

## 白衣天使路遇伤情及时相救

　　2018年4月23日下午,韦姗姗乘坐出租车从广西南宁市大沙田办事回来,途经良堤路南宁市博物馆路段时,透过车窗,目睹了一起车祸的发生:一辆电动车被泥头车撞倒,电动车车头已经面目全非,电动车驾驶员被卷入泥头车车轮下,右下肢被车轮碾过,受伤严重,路人纷纷驻足惊呼而又不知所措。看到伤者血流一地,身为医务人员的韦姗姗知道一旦伤者出血过多会危及生命,于是第一时间掏出手机拨打了120,同时向司机说明身份并提出请求调转车头回现场救助。

　　下车后,韦姗姗迅速跑向伤者,她一边向周围群众询问情况,一边蹲下检查伤情。经过她的初步查看,伤者右下肢开放性骨折，患肢严重畸形，意识尚清醒，但脸色、口唇苍白，正大量出血，伤势很严重，需要及时止血，否则有可能因失血过多引起失血性休克导致死亡。于是，她迅速组织围观的路人帮忙找来一些绳子和木棍，就地为伤者固定患肢、包扎止血，同时安慰他："不要怕，没关系的。"伤者渐渐平复了惊慌恐惧的情绪，积极配合她的救助。

十多分钟后，120救护车到达现场。韦姗姗和120医护人员简单地交接了现场情况，将伤者送上救护车后才离开现场。

据当天出诊的120急救中心大沙田分站梁医生说，事发时正值下班高峰期，路上有些拥堵，韦姗姗在现场就地取材及时为伤者

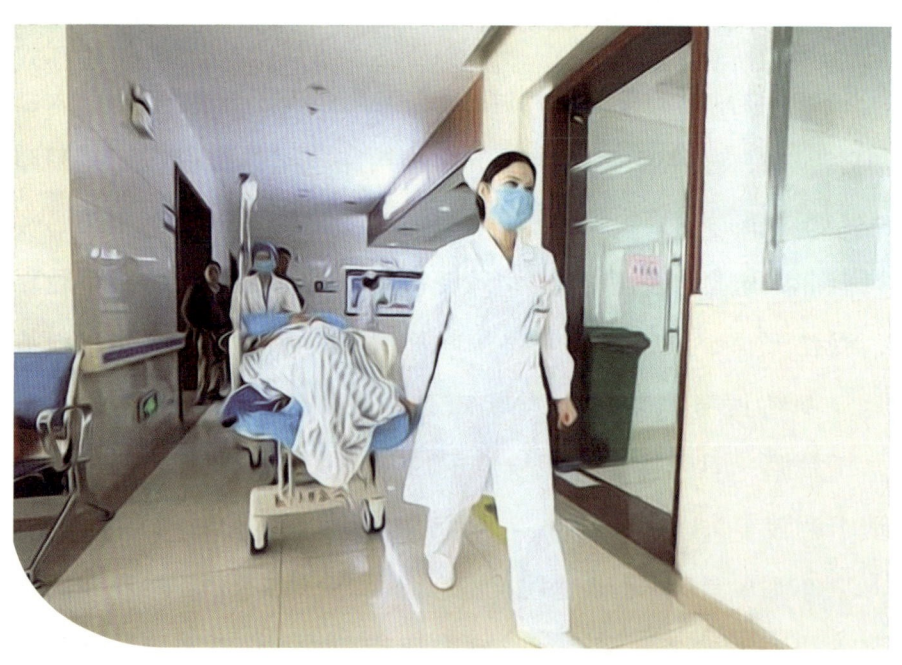

进行包扎，大大地缩短了救护时间。如果没有她的及时救助，伤者有可能因失血过多引起失血性休克直至死亡。

当时，韦姗姗并未把这件事情放在心上，但有目击者将整个救助过程拍了下来，并发布在微信朋友圈中，韦姗姗的善良举动在朋友圈里迅速传开了。"厉害了！小姑娘！"网友们纷纷为她点赞，并称她为"最美白衣天使"。

医院的同事通过报道和朋友圈的转发才发现视频和照片中的护士正是韦姗姗。面对同事的询问，韦姗姗这才说出了当天发生的事情。韦姗姗说："对于医务人员来说，时间就是生命。当时没有别的念头，也无暇顾及其他。"

韦姗姗在南宁市邕宁区人民医院工作已有四年，急诊科任务繁重，经常要面对各种突发情况，对医务人员的综合性技能要求较高。谈起韦姗姗平日里的工作表现，同事们都对她称赞有加。

"虽然工作辛苦，但从没听过她有一句怨言。"急诊科护士长刘小云说。韦姗姗还经常主动留下加班，忙碌时甚至一天24小时都没离开过科室。工作之余，她也常捧着专业书籍学习充电，提升业务水平。

至于被网友称赞为"最美白衣天使"，她感到很不好意思，"救人是我的职责，我只是做了自己职责范围内的事情罢了"。

听好人故事

## 徒手捶窗力挽生命希望

陈奥出生于安徽省合肥市肥东县店埠镇马厂社区的一个农村家庭,清贫的家境塑造了他遇到困难不妥协、不放弃的坚强意志。他个头不高,却胆量过人;他力量不大,却英勇无畏。勇敢与执着是他坚守的信念。

2007年入伍时,陈奥刚满18周岁,在部队期间,他荣获了"神枪手"等荣誉。从部队退伍后,他进入社区工作,职业虽有转变,但他始终将全心全意为人民服务的信念落实到实际的工作中去,只要组织需要、群众需要,他总是满怀热情不辞辛苦。

2018年7月25日中午11点左右,陈奥和同事许坦外出行至店埠镇马厂桥时,发现一辆面包车不慎坠入河中,驾驶员被困于水下。陈奥跑近一看，车子倒在河水里，水面露着一双脚，有两位热心群众正试图将驾驶员拉出，但未能成功。

围观的人都感叹："人都不动了，救上来怕也没用了。"陈奥心想，驾驶员也可能是昏迷了，这时候只有尽快施救，生的希望才大！

于是，略通水性的陈奥奋不顾身跳进河里进行营救，许坦则立即呼喊社区的其他同志和周边的群众一起帮忙。

为方便营救，社区工作人员葛学权、许坦等人组织大家找来绳子，欲将车辆拉出水面。由于水下一时找不到可固定绳索的地方，情急之下，陈奥徒手将驾驶室前挡风玻璃砸开，把绳子绑在前挡风玻璃一侧的立柱上。在大家的共同努力下，车子一点点从水中拖出，但驾驶员却没有随车拖出水面。心急如焚的陈奥赶忙扑到河里摸索，终于发现了头朝下陷入河底的驾驶员！

而就在这时，拉着车辆的绳子开始断股，只剩下两三股，车子随时可能再次倒入河中砸到陈奥。岸上的群众都为他捏着一把汗，喊道："快上来，绳子要断了！"陈奥不顾自身安危，尽力将驾驶员拖出水面，此时他已筋疲力尽。但担心河里还有其他人，陈奥再次扎进水里摸索，确定没有其他人被困后，他才上岸。

幸运的是，被救驾驶员还有生命迹象，岸边的群众赶紧帮忙急救，把堵塞在他口鼻中的泥沙掏出。驾驶员慢慢恢复了意识，120急救车也已赶到，陈奥、许坦等工作人员随救护车将受伤的驾驶员送往医院救治。到医院后，陈奥才发现因为救人，自己的手被玻璃划了一个大口子，在医生的处理下，缝了6针。

## 见义勇为
JIANYI—YONGWEI

陈奥勇救落水司机的义举让现场群众深受感动,也让获救者及其家属万分感激。落水司机回忆起当时落水的情景,仍然十分后怕。"车子冲进水里的一瞬间,我心想,这下完了,没救了,然后就什么都记不得了……要是没有他们相救,我肯定没命了,救命之恩,真的谢谢他们。"

而陈奥却把这些看得很淡,他说:"救人是本能,也是我为人民服务的职责所在。我只是做了一件应该做的事,多亏大伙一起帮忙,才能顺利地把人救上来!"

听好人故事

# 奋不顾身跳水救下祖孙四人

一段男子不顾寒冷英勇跳水救下祖孙四人的短视频，在安徽省亳州市蒙城县人的朋友圈内火了起来。

2018年5月7日清晨6点，早早起床的邵凯从房内把电瓶车推到院内，还没来得及放好，就看到了惊险的一幕：房前沟南岸路上一辆由东向西行驶的三轮电瓶车不知什么原因一头扎进沟里。

"不好！有人掉沟里了。"此时，四下无人，落水的几人都命悬一线。紧急时刻，邵凯一边喊一边冲出院子，纵身一跃跳进2米多深的水沟里。清晨的空气带着些许湿寒，冰凉的沟水刺痛邵凯的全身，他打个冷战，不顾自己尚在感冒，奋力游到了三轮车前。当时，一位老人被压在三轮车座位前起不来，如果不及时救

# 见义勇为

出,老人会闷死在水里。邵凯用力把前边三轮车顶篷掀开,把压在篷下的老人拉了出来,多耽搁一秒,落水的人就有生命危险。

救出老人后,邵凯又游到三轮车后把淹在水里一沉一浮的小孩抱在怀里向岸边游去。邵凯边游边喊"拿绳子来",他的喊声惊动了邵光田、卢俊等村民,邵光田从家中拿来长绳,邵凯把三个小孩用力拖向沟边,最后又把站在水中三轮车上被突如其来的事情吓蒙的老人拖到沟边。

岸上三人合力从水沟南岸用绳子把祖孙四人一个一个都拉上了岸。确认老人和三个孩子没有大碍后,邵凯这才游上岸回家换衣服。

落水的是蒙城县乐土镇陈营村宋庄一家祖孙四人,宋治春68

岁,大孙子13岁,上小学六年级,二孙子10岁,上小学三年级,最小的孙子8岁,上小学一年级。宋治春两个儿子、儿媳都在外地打工,他和老伴在家负责接送三个小孩上学、放学。当天早晨6点,宋治春骑电动三轮车送三个孙子到乐土小学上学,行驶到双龙新村龙门东50米处,突然方向盘失灵,再加上速度过快,电动三轮车向路北的水沟冲去,一头扎进水沟里,连同宋治春在内四个人都掉进了两米多深的水沟里。

　　事后,宋治春的妻子赶到邵凯家里一个劲儿地感谢他:"要不是您救他爷四个,俺这以后的日子还咋过,是您救了俺全家。"

　　宋治春和妻子、儿子、儿媳、孙子还带着锦旗,去感谢救命

## 见义勇为

恩人邵凯。

邵凯在危难时刻跳下冰凉的水中,勇救落水人员,这种见义勇为的高尚行为,是弘扬中华传统美德的典范,是朴实农民乡邻互助的真切诠释。

面对感谢与赞誉,邵凯说:"没什么可说的,这是我应该做的,只要把人救出来,我心里就踏实了。"

听好人故事

## "最美小伙"冰水中连救五人

"感谢你啊,感谢你救了我们!"被救女司机郑晓丹紧紧拉着谢小进的手连声道谢,"车内有四个孩子,两个是我家11岁的双胞胎儿子,一个是邻居家的8岁女孩,还有一个是姐姐家3岁的孙女。"

这件事情虽然已经过去了很久,回忆起那一幕时,郑晓丹仍觉得后怕,但更多的是感激。

2019年1月7日下午,郑晓丹接到放学的四个孩子准备回家。与双胞胎儿子一起坐在后座的姨侄孙女,哭个不停要看手机视频。郑晓丹有些烦乱,递过手机后,准备开车回家。分神之下,她把前进挡挂成了倒车挡,一脚油门踩下去,车子倒着蹿出去撞

# 见义勇为

断了街边护栏，在花池上弹跳了一下，滑到了水里，水沿着车门灌进来。

"救命啊！"车子刚落水，孩子们就大声呼救。慌乱中，郑晓丹强制自己冷静下来，车子在花池上也就停了2秒钟左右，她赶忙打开四个车窗，并立刻解掉了自己和坐在副驾驶上邻居家小孩的安全带，让他们都站到座位上，扔掉书包。

当时正值放学高峰，学校东门口挤满了接学生的家长和车辆。谢小进的车就在郑晓丹车后不远，当时他正在小学东大门对面的停车场，准备接儿子放学。眼看前车突然落水，他来不及多想，立刻打开车门冲了出去，甩掉外套，奔跑到河对岸的最佳施救地点。

在车身未完全没入水中的千钧一发之际，谢小进纵身跳进冰冷的河水里，同时不忘安慰车内的孩子："别怕，叔叔救你们出去！"

此时车头下沉，车尾翘了起来。入水的谢小进站在车辆右后侧，水没过了胸口，他先把靠得最近的一个男孩抱出后窗，向上托举递给栏杆边上的居民。随后，他拉开后车门，又先后将另外三个小孩抱给岸上的人。除了郑晓丹邻居家小孩下半身全湿了以外，别的孩子被救上岸时只是脚上湿了一点点。此时，车辆就要完全没入水中了，谢小进赶紧将郑晓丹救出，确定车内无人后，才爬到车顶上了岸。

谢小进上岸后，郑晓丹连忙感谢，并询问电话号码。谢小

进摆了摆手,让她赶快带孩子回家换衣服,而自己便趁大家不注意,悄悄离开了现场。

郑晓丹回到家后,她与家人通过学校家长微信群,终于找到了谢小进。

41岁的谢小进是江苏省盐城市一位有着15年驾龄的货车司机,作为一名职业驾驶员,他很清楚汽车落水的危险性。天气寒冷,必须跟时间赛跑,人要赶紧救出来,时间一长会很麻烦。他说自己只是跑得快,下水快,"抢"到了这个机会,而且岸上还有很多好心人帮忙一起救人。面对郑晓丹的感谢,谢小进连声说这些不值得一提,自己只是做了该做的事。

# 见义勇为

目击了救人全程的居民崔恒芳说:"谢小进真不错!天那么冷,又素不相识,他却跳入寒冷刺骨的河水中,把孩子和大人一个个救了上来,这样的义举值得我们学习。"

听好人故事

## 中学教师勇救落水女孩

　　2018年10月1日，吉庆勋的发小结婚，吉庆勋到贵州省纳雍县帮他接亲。

　　当天下午4点左右，吉庆勋开着车与娶亲车队从纳雍县城出发，途经威宁县五里岗街道和平社区一处叫张湾屯的地方时，突然听到呼救声："救命呀……救命呀……"急促的呼救声让吉庆勋心头一震，他循声望去，只见公路左侧不远处有两个青年沿着河岸在焦急地呼喊。

　　"有人落水了！"吉庆勋立即刹住车，与车上的同伴疾步跑到河边。沿着河岸跑了一段后，吉庆勋迅速脱下外衣，一下子扎进冰冷的河水中。由于当时天空下着小雨，气温很低，加上河水

# 见义勇为

湍急，吉庆勋快速游了一段距离才抓住落水者，再奋力地朝河岸边游去。吉庆勋的同伴顾家林和岸上的几个人齐心协力把女孩拉上了岸。

落水者是个十五六岁的女孩，再晚个几秒钟，女孩可能就救不回来了。吉庆勋此时已经精疲力尽，体力透支严重，上岸时明显没有了力气，一边喘着粗气，一边招呼大家施救。

当时，被救上岸的女孩已没了知觉，吉庆勋让大家挤压女孩的腹部，帮她吐水。一两分钟后，女孩吐出不少水，神志才渐渐清醒过来。

事后，人们纷纷对吉庆勋英勇救人的举动点赞。他却说救人于危难是自己应该做的。

吉庆勋的老家在贵州省威宁县羊街镇牛角井村,年少时他因家贫曾一度辍学,在社会的关心下才完成大学学业。从大学开始,不忘感恩的他便走上爱心公益之旅。

2012年10月,吉庆勋通过向共青团贵州省委"春晖中心"争取部分资金和发动群众自筹的方式筹集20万余元为老家修建了一条长700米、宽3.5米的乡村公路。

2013年8月,吉庆勋被共青团贵州省委聘为"春晖使者",他组织成立的"春晖团队",先后多次组织关爱活动,将募集到的衣物、鞋帽、学习用品等价值30万余元的物品全部送到贫困村民和山村孩子的手中,还倾力联系全国各地爱心人士结对帮扶困难学生30余人直到他们大学毕业。

2014年6月,吉庆勋从贵州大学毕业后到牛棚镇第二中学任教,成了一名特岗教师。同年9月,吉庆勋走访时发现自己的一名学生家庭十分困难,一家五口人挤在一间10余平方米的小平房里,做饭睡觉的地方则是一个用玉米秆等搭建的窝棚,顶上和四周用塑料布铺裹。

回到学校,吉庆勋在网上发起募捐倡议。随后,一位深圳的林先生和吉庆勋取得了联系,吉庆勋带着不远千里来到牛棚镇的林先生深入学生家了解情况,林先生当场捐出6000元钱为她家修建房子。吉庆勋还向林先生争取,让林先生为自己所在的学校捐献了价值6万余元的电脑20台,帮学校解了燃眉之急。

# 见义勇为
JIANYI-YONGWEI

"我出生在一个极其贫困的农村家庭，一路成长的点滴都有身边人的关心和帮助。所以，当我有能力时就要多帮助他人、多做一些有意义的事，让爱洒满人间。"吉庆勋如是说。

听好人故事

## 蟹农两次救人于"水火"

沈大伟,江苏省南京市高淳区的一名普普通通的蟹农,过着简单而平静的生活,养蟹、捞蟹、卖蟹是他的日常生活。

"如果不是沈大伟的'不顾一切',后果将不堪设想。"提起2016年初永成村沈家的那场火灾,沈名纯一家仍心有余悸。当时沈名纯和妻子都不在家,正在家里装修房子的沈大伟,突然间闻到一股刺鼻的烟味,同时听到隔壁邻居沈名纯家传来烧东西时的噼里啪啦声。他出去一看,发现沈名纯家厨房着火了。他一边喊着"失火啦,失火啦",一边拿着家中的水桶前往救火。

沈大伟的呼喊声惊动了附近的村民,大家自发组织起来,从各自家中拿着装满水的脸盆或水桶,相继赶来灭火。然而,在

# 见义勇为

救火的过程中,突然有人叫道:"不得了,厨房里还有一个煤气罐!"来不及多想,沈大伟当即冲进厨房,徒手将煤气罐扛了出来。在大家的齐心协力下,火势很快被控制住,大火最终被扑灭了,而沈大伟的双手却被已经烤热的煤气罐烫伤了。

"多亏了大伟,要是将煤气罐留在厨房,一旦爆炸,别说是我家的房子,就是我们这些救火的人都有危险。"村民们都为沈大伟的英勇之举点赞,"这一壮举太给力了。"

对于大家的夸奖,沈大伟却谦虚地说:"当时形势太危急了,容不得我有半点顾虑。当时就只有一个想法,就是把煤气罐

搬到安全地带,防止爆炸危害到大家的生命财产安全。"由于煤气罐已经被扛出来,火灾只烧坏了厨房的一些家用设施,并没有造成更大的财产损失以及人员伤害。后经排查,着火是由于沈名纯家厨房的电线出现老化短路从而引起火花,点着了电线附近的易燃物品,所幸扑救及时,此次火险并未波及其他家庭。

  2017年7月,沈大伟像往常一样在蟹塘内忙碌着,突然听闻附近有人落水呼救的声音。由于持续高温,蟹塘边很少有人经过,大多数蟹农只有喂食时才会前往。听到有人呼救,沈大伟赶忙放下手中的活,循着声音前去查看,只见附近蟹塘的沈良顺和他的父亲沈大寿两人在水中挣扎,呼救的是沈大寿。原来,沈良顺在给蟹塘投完食回家的路上突然昏厥跌入河中,沈大寿因为年迈无法独自将儿子拖上岸,只得放声呼救。

  来不及多想,沈大伟和附近蟹农沈土根二人立马跳入水中营救,三人合力才将沈良顺救了上来。与此同时,发现情况的蟹农葛啟保当即拨打120求救。面对沈大寿的连声感谢,沈大伟、沈土根二人一直说是应该做的,不必放在心上。

  这就是沈大伟,一名质朴的汉子,两次救人于水火,在危难关头展现了"侠义大者"的英雄气概。

听好人故事

## 退役军人的本能选择

　　2018年7月15日,陈克庆带女儿到安徽宁国夏霖漂流景区游玩。景区内的河道弯弯曲曲,水流一会儿急,一会儿缓。在漂流的过程中,皮筏艇顺流而下,陈克庆和女儿玩得很尽兴。

　　突然,陈克庆发现在他们乘坐的皮筏艇后面,有一家三口正乘着皮筏艇穿过弯道急流,皮筏艇因为重心不稳发生了侧翻,一下将艇上的三人全部扣在水下。虽然他们都穿了救生衣,但厚重的皮筏艇实实地压在上面,使得他们无法挣脱,命悬一线。

　　凭着多年在部队锻炼的敏捷反应,陈克庆迅速跳下水,向倒扣的皮筏艇全力冲去。

　　落水的一家人已被湍急的河水冲翻在河道里挣扎,由于孩子的父亲高度近视，落水时眼镜遗失，无法自救和救人。陈克庆赶到落水母女的身前，先一把拉起不识水性的妈妈，把她拖到浅水处之后，又游到皮筏艇处将扣在水下年幼的孩子抱起，奋力将皮筏艇翻转，将孩子和妈妈送到皮筏艇上。随后又扶起视线受限的父亲，护送他们一起返回岸边。

在确保被救的三人安全无事后，陈克庆便去追赶已坐皮筏艇漂远的自己的女儿。上皮筏艇之后，他才发现自己的左脚被石头划了一道大口子，鲜血直流，一双鞋子也已不知去向。陈克庆没有告诉任何人，只是带着女儿悄悄离开。但是，他救人的过程却被当时路过的网友拍了下来并传到网上，在朋友圈迅速传开了。

对于突如其来的"爆红"，陈克庆只是淡然表示："我是军人出身，会游泳，遇上了就不会袖手旁观。我只是做了应该做的事情，下次要是再遇到，我还会义无反顾地去做。"网友纷纷为陈克庆的见义勇为点赞。

1981年出生的陈克庆，19岁入伍，2001年考入中国人民解放军北京机械士官学校，2002年加入中国共产党。

在部队工作期间，因工作成绩突出，陈克庆多次被评为"优秀士官"，荣立三等功一次。

2011年，陈克庆转业到铜陵市安全生产执法监察支队，从事矿山救援保障工作。

军旅生涯磨炼了他的意志，更赋予了他军人特有的筋骨。从部队到地方，陈克庆的适应能力很强，通过刻苦学习和自身努力，很快成为单位的骨干力量。

在单位领导和同事的心目中，陈克庆素质全面、作风过硬。"陈克庆平时待大家很热心。对于他救人，我不感到意外。遇到这样的事，他总是会第一时间去做。他是我们心中的榜样。"对于陈克庆见义勇为的行为，单位领导这样评价。

到支队以来，他参加了大大小小的事故救援上百起，抢救了七十多名遇险遇难职工，表现出了非常强的专业素养和责任心。

陈克庆总是说："我年轻，多干点活没关系，睡一觉就好了。"可他的腰上常年绑着护腰，腰椎滑脱、腰肌劳损经常折磨着他，但他的痛苦从不在同事面前表现出来。

面对同事和亲友的夸赞，陈克庆只是淡淡地说："我是一名退役军人，更是一名共产党员，帮助群众本来就是我应尽的职责。"

听好人故事

## 陆军士兵飞身救婴儿

2019年1月18日中午11点30分左右,江苏省无锡市锡山区东港镇的一家商场里发生了惊险的一幕:商场三楼的电动扶梯正在运行,一个9个月大的婴儿自己推着学步车好奇地左顾右盼,探索着这个神奇的世界。在来到电动扶梯附近时,她完全没有感觉到危险的降临,主动往电动扶梯处走去。当学步车刚一接触到电动扶梯,随着惯性,婴儿和学步车一起在距离地面五六米高的电动扶梯上翻倒滚落。在这惊险时刻,一名路过的现役士官从电梯下行方向快速"转身",箭步跨到上行方向阶梯上,并把孩子安全地送回了上行方向的电梯口,及时化险为夷。

此时,孩子的母亲刘女士发现孩子不见了,赶紧出来寻找,

## 见义勇为

才知道刚才孩子在鬼门关前走了一遭。

刘女士是张家港人，和丈夫在商场三楼经营一家餐馆，因为孩子小，还需要妈妈哺乳，平时都由刘女士的婆婆在店里带着。事发当天婆婆还未到店里，夫妻俩一个不留神，孩子就自己推着学步车到了电梯口。

从刘女士店内监控中可以看到，事发当时刘女士的孩子推着学步车走出店，到了电动扶梯口后又往前挪了几步，很快就随着电梯的运行连人带学步车一起翻倒。这段电梯落差有五六米，要是孩子真从电梯上从头翻到尾，后果不堪设想。幸好，孩子刚翻倒，一个身影从电梯下行方向快速"转身"，跨到上行方向阶梯上，及时伸手扶住了学步车，并把孩子安全地送回了上行方向的电梯口。刘女士发现孩子不见了，赶紧出来寻找，才知道孩子刚才遇险，在慌乱之中，她还没能和救人者搭上话，救人的小伙子已经消失在茫茫人潮中。

滚落的孩子和学步车带有巨大的冲击力，刘女士说，没有过人的身体素质和反应能力，没有敢于牺牲的精神和勇气，是不可能在极短时间迅速反应，第一时间冲上扶梯救人的。当时，小伙子看到婴儿的妈妈来了就默默地走开了，没有留下任何联系方式。她将寻人的消息发到了朋友圈，朋友又发到了东港当地的微信群，一传十，十传百，经过多方寻找，大家终于得知救人的小伙子是东港本地人，名叫王子昊，是一名陆军士兵，22岁，家住东湖塘，正好探亲休假回家。

谈及自己救人的事，王子昊说，这是他当兵后的首次探亲假，当时他和堂姐一起在东港逛商场，在电动扶梯下行时，听到电梯发出不太正常的声音，转头就发现了翻倒的学步车和婴儿。接下来跨步、扶车的动作像是下意识的反应。之所以那么快，要感谢部队平时对体能等素质的训练。看到婴儿没有大碍，他和堂姐就离开了。当有朋友拿着照片来问他的时候，他才知道有人在寻找他。

王子昊的父亲感慨道，他下班回家后，儿子对于救人的事情只字未提。侄女告诉他："堂弟今天救人了。"他还不太敢相信，看到视频后，他为儿子感到骄傲。

见义勇为
JIANYI—YONGWEI

　　消息传到部队后,王子昊的指导员李帅并不意外,在他的印象中,王子昊思想积极向上,工作认真踏实,责任心较强,训练成绩也很突出,2016年刚入伍的时候,还在新兵训练中被评为进步之星。"王子昊性格开朗,乐观向上,有着强烈的集体荣誉感,每次组织集体活动、开展各项比武竞赛时总会踊跃报名参加。"说起王子昊,李帅赞许不断,"他平时还喜欢健身,是我们部门的'健身达人',还积极带动其他战友健身。"

　　在战友们的眼里,王子昊身手敏捷,非常乐于助人。知道他英勇救助女婴的感人举动后,官兵们纷纷竖起大拇指表示,英勇救人是传承红色基因、弘扬优良传统的具体体现,充分展现了新时代革命军人的良好道德风尚,是大家学习的榜样。

听好人故事

## 救人不顾身　愿以命相换

2018年7月3日，一名中年妇女骑着三轮车载着邻居家的两个男孩和他们的奶奶出行，由于疏忽，三轮车停在水塘边时没有熄火，孩子贪玩，碰到车把，随即三轮车冲入了水里。刚吃过晚饭的李守发路过村头的水塘时，突然听到有女人和小孩的呼救声，赶忙跑过去一看，有四个人正在水塘中挣扎，两个大人和两个孩子，落水时间有点久，落水者正在逐渐丧失意识。

李守发赶忙脱掉衣服，跳入水中。跳进去才发现，水很深，脚挨不到水底，只好先游到距离自己近的一个孩子旁，拖起他全力向岸边游。回忆起当时的场景，李守发不禁心有余悸，他先将孩子送到岸边后，顾不上松口气，又游到中年妇女身边。闻讯而

## 见义勇为

来的乡亲们也赶到水塘边,合力将这名中年妇女救起。

李守发60多岁了,体力大不如年轻的时候,他将这名女子救起后,身上的气力也渐渐不足,但水塘里还有一个孩子和一个大人,都是活生生的生命啊,不能不救。当时,他心里只有一个念头,就是一定要把人全都救起来。李守发使出浑身的力气,游到另外一个男孩身边。等到抱着孩子游到岸边时,李守发双眼发黑,双臂

也发酸,浑身都没劲儿了。最后在乡亲们的帮助下,落水的四人全部被救上岸,可惜的是由于落水时间太长,两名男孩的奶奶不幸溺亡。

知道这件事以后,儿子李加玉常常责怪李守发,怪父亲当时为什么不先打个电话叫自己一起去救人,毕竟两个人更有效率。父亲年纪大了,万一有什么危险可怎么办呢?

可是,每次一说到这儿,李守发就说,自己都这一大把年纪了,情愿用自己的命来换取这两个孩子的命,毕竟他们以后的日

子还长远着呢。

由于待在水里的时间较长，池塘的水温比较低，李守发回到家后就患上了重感冒，过了好久身体才渐渐康复起来。

事后，被救的两个孩子的爷爷朱成明带着一家人上门向李守发表达感激之情。朱成明连连道谢道："要不是他，怕是两个娃娃都没了，真不知道该说什么感谢的话才好。"

李守发救人一事传遍了左邻右舍，村民们纷纷竖起大拇指。

"他都快70岁了，人也比较瘦小，就是年轻人也不一定有这个体力，真是令人敬佩。"同村的一名男子说。

一名目睹李守发救人的村民说当她赶到时，岸上已经有不少人在帮忙接人，但因为不会水，都不敢下去，只能在岸上帮忙。

"真是令人敬佩。李守发那么大年纪了，在那种紧急的情况下，来回托举几次，一个一个把人救上岸。他救起两人后，我明显感觉到他体力不支，但他还是再次游过去把孩子救上来。真是在拿自己的命救人啊！"

听好人故事

## "顶车姐"飞身挡车救三童

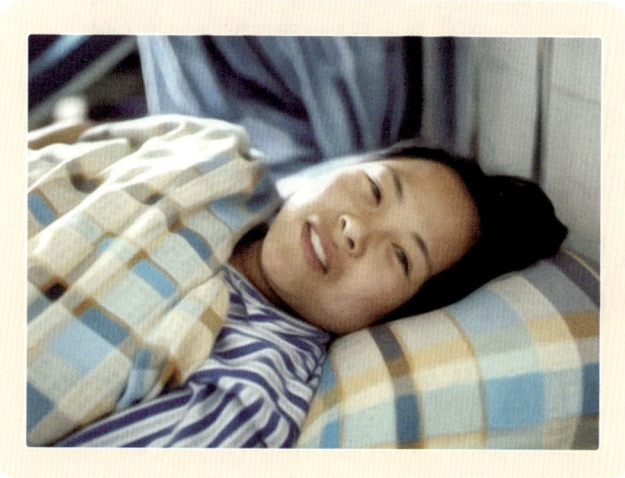

2019年3月15日下午5时许,在江苏省宿迁市泗洪县归仁镇克复桥附近发生了危险的一幕,一辆载有三名小学生的电动三轮车在爬坡时发生逆滑,驾车老人没法控制,眼看车要摔到桥下的沟渠中。危急时刻,路过的吴邮邮飞身跑过去用双手从车后阻挡三轮车。但终因车辆惯性较大,车又重,没能挡住,将她连人带车一起推进身后的坡沟里。

吴邮邮被车推下去压住了,幸好附近的群众和家人赶过来救援,老人和车上的孩子都没事。吴邮邮说,在巨大的冲击力作用下,她左腿胫腓骨骨折,被送到泗洪县分金亭医院做了手术。

民警说,如果没有吴邮邮的挺身而出,老人孩子翻进沟里后

很可能发生危险。泗洪县归仁派出所副所长闫保利说,他们为吴邮邮申报了见义勇为奖励。

生于1990年的吴邮邮,是江苏省宿迁市泗洪县归仁镇苏洼村村民,也是两个孩子的母亲。"当初去救人,就是本能反应,来不及想有没有危险,我相信不管是谁遇到了都会去救人的。尽管受伤住院,但我不后悔。"吴邮邮说。

"小女子,大能量,为善良妈妈点赞。""为弘扬正能量喝彩,泗洪'最美妈妈'。""一身正气的人,危急时刻会体现。""大爱女子不怕危险,母亲情怀功德无量。"……吴邮邮的救人事迹在网络上迅速转发点赞。有人称吴邮邮是"最美妈妈",也有人称她为"顶车姐"。

"我们感动的是她奋不顾身冲过去救孩子们的举动,而不是关注她这样做到底能起多大的作用。"一名网友评论说。

有人认为，每个母亲都有爱子情怀，女子本弱，为母则刚，是母亲的本能促使吴邮邮飞身去挡车。作为两个孩子的母亲，也许是母爱的力量驱动她奋不顾身去救人，这是一种勇敢的力量。

除了吴邮邮挡车救人的事迹，她的伤情也备受大家关注。

2019年3月20日，吴邮邮进行手术。泗洪县见义勇为基金会来医院慰问，送来了5000元见义勇为慰问金。泗洪县政府、县公安局工作人员也前来慰问。

2019年3月29日，吴邮邮出院。治疗期间，三位孩子的奶奶刘玉梅带着儿媳妇到吴邮邮处表示感谢，送来了1000元感谢款和一篮子鸡蛋，但被吴邮邮婉拒了，尽管家中条件不好，但两家都是村前村后的，都知道刘玉梅家的条件更困难，这1000元定是他们东拼西凑借来的。吴邮邮说，这份心意领了，但是钱坚决不能要。

尽管因救人而负伤，花去了一大笔治疗费，但吴邮邮和家人都无怨无悔。吴邮邮受伤后，丈夫朱涛很心疼，可吴邮邮反而安慰他："虽然'断'了一条腿，可救了老人孩子，值得。再来一次我还是会选择冲上去救老人和这三个孩子。"能娶到这么善良的姑娘当老婆，朱涛感到很幸福。

听好人故事

# 做忠诚战士救人生死　当义勇英雄舍己死生

2019年2月8日，农历大年初四。湖北荆门的气温降到零摄氏度以下，路面结冰。

中午，刘广俊和妻子季士阳带着女儿走完亲戚开车回家。下午3时许，他们行驶至钟祥市长滩镇青龙鞍村三组附近时，前方一辆车突然冲出路面，掉进冰冷的水塘，倒扣在水面，车头一点点被水淹没。

说时迟那时快，开车的季士阳把车刹停，坐在副驾驶位上的刘广俊急忙下车边脱外套边冲向出事车辆，并让妻子季士阳拨打报警电话。

危急时刻，刘广俊奋不顾身地跳入刺骨的冰水中开展救

## 见义勇为

援,只见他将出事车辆后座四名女性乘客,从陡坡送上路面,让妻子将自家车上的暖气开到最大,供浑身透湿的四人取暖。

"车上还有人!求您快救救他们!"一名获救的女乘客大声哭喊道。得知车辆前排还有两人被困,刘广俊再次跳入齐腰深的冰水中,努力想把前排车门打开,因车辆泡水,前车门锁死无法打开。

刘广俊爬上岸,对妻子大喊:"赶紧给刘书记打电话,喊人过来帮忙!快快快!赶快!"说完这句话,他再一次下到水里救援。

十分钟后,青龙鞍村支书父子赶来支援,刘广俊第四次下水施救,三人尝试把车辆翻过来、用砖块砸玻璃,因为缺乏专业工具,均未成功。

等到公安、消防等专业救援人员赶到现场,事故车辆前排的两名男子已不幸遇难。带着无尽的遗憾,刘广俊默默离开了现场。

刘广俊救人的事迹经报道后,引起广大网民的赞誉,纷纷留言表达敬意。

"零下几摄氏度的天气,他想都没想就跳进冰冷的水中救人,为他点赞!"

"刘广俊沉着冷静,赶到现场救人,为救人赢得了宝贵时间,寒冷的天气满满正能量,好样的!"

面对网民"救人英雄"的赞誉,刘广俊说救人只是举手之劳,绝不能见死不救。很遗憾,没能把前排的两人救上来。

刘广俊1998年退伍后,到中石化沙洋石油分公司工作,2019年调到中石化荆门钟祥石油分公司,担任现场安全负责人,在工作中,刘广俊也生动诠释了忠诚担当的本色,抢险救灾总是冲到最前面。

## 见义勇为

2016年7月中旬，连续两天特大暴雨侵袭沙洋县，全县普降250毫米以上特大暴雨，沙洋县城发生了严重城市内涝，多座中国石化加油站设备设施也遭受了严重的损害。油品是抢险救灾的重要物资，必须保障供应。刘广俊作为突击队成员，带领两名青年志愿者到加油站抢修救灾，全力保障油品供应。得知中心加油站多名员工被内涝洪水围困无法离站，其中一名员工感冒发烧比较严重需要送医，刘广俊及时联系朋友借来船只，摆渡运送被困人员并将生病员工送到医院。

刘广俊在沙洋县公司工作时，是综合管理员，平时他就爱到加油站帮忙，一方面能了解加油站的第一手客户资料和销售情况，另一方面能及时得到公司营销方案在加油站的执行反馈情况，帮助加油站提高销售额。"他爱管闲事，喜欢帮助别人。"熟悉刘广俊的人都这么说。

一次，一场暴雨突袭，加油站出口前的道路积水高达50厘米，多辆过往车辆被困水中。在加油站帮忙的刘广俊蹚着泥水、冒着大雨，来到站前道路花坛处，提示车辆绕道，避开积水路段。"师傅，前面水深，您的小车过去容易熄火，请绕道从荷花路处过去。""不能过去、不能过去，你车上还带着孩子呢。前面的水超过半米深了，你骑摩托过去，孩子会被水呛到。"刘广俊执着地劝说，冒雨拦下了十几辆欲涉水通行的各种车辆。

打着赤脚的刘广俊从积水中摸出一张车牌。"一定是刚才涉水的车被水流冲掉了车牌，要想办法把车牌信息传递出去找到车主。"他和加油站站长商量,先用加油站微信客户群将车牌信息发出去,再通知城区其他加油站将信息通过各站的微信客户群转发,一时间朋友圈竟被该车牌信息刷屏,大家纷纷点赞、转发,当天下午就找到了车牌失主。

雨渐渐小了,积水逐渐消退,刘广俊挽上裤脚,打着伞再次来到被淹路段,为车主找出了十几块被水冲掉的车牌。

在同事们心目中,刘广俊是公认的热心肠,平时就经常帮助他人,因此他见义勇为很正常,是大家学习的榜样。

听好人故事

## 勇闯火海的"吊车侠"

2019年5月2日早上6时许,很多人还沉浸在梦乡,辽宁省新宾满族自治县一栋居民楼一楼突发大火,火势迅速蔓延,楼上居民处在极度危险之中。一位小伙冒着生命危险,驾驶吊车迅速赶来救人,14名居民化险为夷。这位小伙就是19岁的兰郡泽。

当天早上,兰郡泽开着吊车去做保温墙施工。突然,他看到马路对面的居民楼冒出滚滚浓烟,还听到了呼救声。兰郡泽赶忙跑到居民楼下,看到三楼有对母子正在呼救。这娘俩穿着睡衣、拖鞋,站在三楼空调的外挂机上,情况十分紧急。此时火势凶猛,浓烟滚滚,兰郡泽连忙把吊车开到居民楼下。这时,三楼的母子和四楼的女主人都爬到三四楼之间的小平台上,四楼的一对老夫妻则站在窗前拼命挥手呼喊。兰郡泽急忙用吊车的吊篮把这几个人救了下来。

楼上的居民看到有吊车救人,都挥舞着毛巾呼救。此时,兰郡泽的父亲也赶来了。烟越来越大,视线越来越差,兰郡泽的父亲站在吊车下面,指挥着他救人。

三楼、四楼、五楼,越往上,难度越大。"只能听见呼救声,看不到人!"兰郡泽焦急地大喊,但他没有放弃,心里只有一个想法——要把所有人救出来!

随着火势越来越大,兰郡泽明显感到温度越来越高,脸被火烤得生疼。一楼的商店里不时传来噼噼啪啪的爆炸声,兰郡泽没有退缩,一共救出了14人。兰郡泽仔细确认,楼上再没有人呼救了,他才和父亲开着吊车离开,回到工地。

董秀云和12

## 见义勇为
JIANYI—YONGWEI

岁的儿子就是兰郡泽最先救出的母子。一大早，她发现楼内着火了，急忙叫儿子起床。打开房门，楼道里全是烟，出不去了。慌乱中，董秀云想起南面的窗户安护栏的时候留

了一个小门，于是和儿子跳出窗户，踩着空调外挂机往三四楼之间的小平台上爬。此时，居住在四楼的莽胜军的妻子已经到了那个小平台上，在她的帮助下，董秀云和儿子也都爬了上去。

看到有吊车来救人，董秀云看到了希望。吊车的吊篮上到四楼，接上莽胜军和他的母亲，然后降下来，莽胜军又把董秀云三人一个个抱进吊篮，安全降落到地面。

董秀云在现场没有看到救命恩人的模样，后来才听说是一个19岁的小伙子救了他们，董秀云说："在儿子心里，这个哥哥就是个英雄。他要我找到哥哥，和哥哥照张相，说以后要向哥哥学习，帮助有困难的人。"

住在六楼的葛建华是最后一个被救下来的，她说要是没有兰

郡泽她就完了。发生火灾的时候,只有葛建华一个人在家,她被吓蒙了,只知道在屋里打转,不知道怎么走到了阳台,看到吊车在挨家救人,就喊"快救我"。吊篮还没停稳,葛建华就跳进去了:"那时,烟都上房顶了,如果他不救我,我就跳楼了。"

莽胜军是辽宁省新滨县南杂木中学的老师,当时浓烟弥漫,他看不清驾驶员的脸,但是他觉得这是一个冷静果断、技术娴熟的人。为了救人方便,兰郡泽把车停在了火源旁边,一楼商店还不时有爆炸,非常危险,但是他依然把所有人都救了下来。

后来旁人告诉莽胜军,那个吊车在不远处干活呢。莽胜军连忙跑了过去,通过吊车上的电话联系上了兰郡泽。这时莽胜军才知道,救他的人竟然是自己教过的学生。"有这样的学生,我感到骄傲。"莽胜军说,"上学时,兰郡泽就是一个乐于助人的人。这次,他没觉得自己救人的事多值得炫耀,只是觉得做了自己该做的事。"

听好人故事

## 手臂中的英勇与大爱

王福财,广西玉林市博白县三滩镇亚桥村人。

2019年9月8日下午1点左右,一名5岁的小男孩跑到一栋七层居民楼的楼顶玩耍。突然,他越过护栏,爬到了窗台上方的水泥板,当他的双手抓住水泥板后,身体和双脚一下子就悬空了,一旦他的双手松开,后果将不堪设想。

此时,两位居民发现了这一险情,其中一人便大喊:"找棉被,找棉被!"另一人给小孩鼓气,不停地喊:"坚持住,坚持住!"千钧一发之际,同住在该小区的王福财出现了。

当时,王福财刚回到小区,听到居民的呼喊后,他赶紧下车。发现小孩的处境十分危险,来不及思考,他一个箭步就冲到

了小孩下方的区域。

"找棉被肯定是来不及了,小孩的情况太危险了,肯定坚持不了多久的,当时我也没想那么多,只想把小孩安全接住。"就在王福财刚刚伸出双手准备接小孩的时候,小孩已经坚持不住,正在往下掉。

幸运的是,王福财伸出的双手接到了小孩,但是因为巨大的冲击力,最后小孩还是滑落到地上。

从下车到接到小孩,这短短的三四秒钟时间,堪称生死时速!经过王福财双手有力的缓冲,小孩的情况并没有很糟糕。事后,小孩被紧急送往医院抢救,幸好只是右脚骨折,其他地方并无大碍。

接过小孩之后,王福财被巨大的冲击力震得眼冒金星,双臂

## 见义勇为
JIANYI-YONGWEI

红肿麻木。缓过神来的王福财马上叫旁边的两位目击者报110和120，并保护好现场。他不让人去抱小孩，怕小孩有骨折等损伤，以防二次伤害。很快，110和120救援人员赶到了现场，经过医护人员简单救治后，孩子被送上救护车前往医院做进一步处置。

其实这不是王福财第一次救人，早在1998年，他就在海南上演过"英雄救美"的壮举。当时，王福财在送货途中，发现一位女子被持刀歹徒拦路抢劫。他正气凛然，大声斥责歹徒，其中一名抢劫的男子掏出了一把大约20厘米的水果刀，指着王福财说："别多管闲事！"但王福财毫不畏惧，凭着一身武艺与两名歹徒英勇搏斗，最终救下了女子……

这段英雄救美不留名的故事，王福财一直埋藏在心底，几乎从没对人说起过。这次他徒手接坠楼小孩的故事被许多亲友知情后，大家纷纷表示关心和赞扬。王福财英勇果敢、当机立断，成功地保住了孩子的性命。面对众人的夸赞，王福财却看得很淡，直言自己当时根本没有想太多，救人是本能反应！

这份正义感与勇气一直根植于王福财的基因里，平日里他就是一个乐于助人的人，在遇到需要帮助的人时，都会毫不犹豫地伸出援手。王福财的凡人善举，折射了美德阳光。

听好人故事

## 旅途中的仗义救援

如今已80多岁的卜庆平，家住辽宁省沈阳市。2019年8月8日，他和老伴、女儿等一家人前往甘肃游玩。8月16日下午，他们开车行驶在G30连霍高速上，当行至酒泉往张掖方向过玉门服务区约11公里处，一起车祸突然在他们眼前发生。

一辆拉西瓜的货车侧翻，紧随其后的一辆依维柯汽车追尾后，也侧翻撞上了高速路护栏。突如其来的车祸太过惨烈，有的乘客甚至被甩飞了出去。

看到发生了车祸，卜庆平赶紧将车停靠到了路边。当时，因为近距离目睹车祸，大家都吓得够呛，女儿还吓哭了，情绪非常激动。但卜庆平已经没有时间安抚她们，他选择第一时间下车到前方查看车祸情况。

车祸现场受伤人员很多，包括依维柯汽车内的司机加乘客11人以及大货车内的一名司机。其中一名妇女的腿被车轮死死压住，她疼得一直喊："救命啊，快救救我！"而车内一名十几岁的儿童情况更加危急，由于被车体压住了胸部，已经昏迷不醒。

"你别喊了，你没有生命危险，一会儿我肯定救你，但是现在必须先救孩子出来。"卜庆平冷静有力的话让那名妇女镇定了下来。

随后，卜庆平和赶过来的其他人一起就地取材，用高速路护栏上掉下来的铁栏杆当撬棍，将压在孩子身上的车体撬起，将孩子救了出来。救被轮胎压住的妇女也着实费了一番功夫，他们试图抬车救人，但是车体太重抬动困难，同时又担心对伤者造成二次伤害，最后选择的方案是用别的车辆做牵引，拉动肇事车辆，才最终将受伤妇女抬了出来。

大约用了半个小时，卜庆平与其他人一起连抬带抱，将12名伤者全部从肇事车辆内救了出来。此时122和120救援车还没赶到现场，卜庆平发现，车祸现场堵塞的车辆越来越多，应急车道也被占满了。

"如果一直这么堵着，救援车根本无法到达车祸现场。"卜庆平当即开始指挥疏导堵塞的车辆。"大家听我指挥，货车先别动，小车先行，应急车道上的车先行。"通过指挥，车辆有序地慢慢驶离了现场，为救援车辆开辟了"生命通道"。

# 见义勇为

交通疏导完毕之后，卜庆平一家也上车驶离了事故现场，在路上，他们迎面遇上了前来救援的122和120车辆。

"老卜啊，我在电视上看到你啦，你在车祸现场救人呢！"当天晚上，在张掖游玩的卜庆平突然接到朋友打来的电话，他还愣了一下。"我在甘肃，他在沈阳怎么看到我了呢？"原来，卜庆平在车祸中救人的身影被人录了下来，而当地电视台当晚播放了这起车祸新闻，卜庆平救人的画面也播放了出来。

卜庆平的同事说："老卜一直是个热心人，他是沈阳劳动模范，看见他救人我们一点也不惊讶，他就是这样的人！"

"我的老伴，我心目中的英雄，我给你点赞！"目睹卜庆平沉着冷静指挥救援的全过程，看到丈夫救出那么多伤者，又及时疏导了交通，卜庆平的老伴孙晓华眼里全是赞许。

孙晓华说，这与卜庆平当过兵、受过训练是分不开的，"卜庆平当过27年的兵，参加过战斗，立过二等功，虽然已退休，但是军人的素质和精神一直保留在他身上。"

对于来自各方的赞誉，这位曾从军27年的老兵说自己只是做了一件该做的事。

听好人故事

## 三入火海的逆行者

2018年3月的一个周六上午，刚刚值班结束准备回家休息的公安民警张祖林看到手机消防工作站微信群发来一条信息："上海市普陀区江宁路某老式里弄小区发生火灾。"他心里顿时一紧，"老式小区居民密度大，弄堂狭小，一旦发生火灾施救难度很大，我熟悉那里的地形，不行，我得去看看！"张祖林立即驱车赶到了现场。

张祖林到达现场时，消防队员已经开始救援，但由于老式里弄弄堂狭小，已经出现了他之前预判的施救难的问题。凭借之前在特警支队的工作经历以及对地形的熟悉，张祖林当即协助消防队员在狭窄的空间内架云梯、铺水管，火势很快得到了控制。紧接着,他又一头钻进弄堂疏散居民和围观群众。

时间就是生命。在疏散群众的过程中,得知某栋楼内有一位80岁中风老人行动不便没有撤离,张祖林抄起湿毛巾就冲到楼里查找,最终在底楼尽头的房间里找到那位老人和他60多岁的儿子。张祖林当机立断,让老人儿子用湿毛巾捂住口鼻,一手架起中风老人向外撤出火场。妥善安置二人后,他又听到居民反映另一栋楼有一名男子没有及时撤离。顾不上休息,他再一次冒着滚滚浓烟冲进火场,在找到该男子后,他同样用自己的湿毛巾捂住该男子口鼻,成功撤出。

此时,周边群众又在议论,某号楼夹层内有人。听到这一消息时,张祖林手边已经没有了湿毛巾,他两眼红肿、嗓子嘶哑,后背灼烫,口鼻里全是黑色的烟灰,但还是拖着疲惫的身体毅然冲进火场,直至确认楼内再无群众被困后才撤出。

当天接到警情后,长寿路派出所值班领导王巍俊也带领增援警力赶赴现场处置,当时站在消防喷水区域内,已经浑身湿透

的张祖林向他说明了现场疏散的情况。可一转身，带领民警紧急疏散群众的王巍俊就找不到张祖林了——一连三个电话，全都没人接听，那时候王巍俊有些急了，直到再次看到两眼红肿、口鼻发黑的张祖林，才知道他已经三次进出火场了。

最终，在消防战士的全力扑救、长寿路派出所民警的紧急疏散以及在街道、物业和地区相关部门的共同努力下，火灾被成功扑灭，未造成居民群众伤亡。三次冲入火场，先后成功解救三名被困群众的张祖林，用自己的实际行动诠释了一名公安干警"将安全留给百姓，将危险留给自己"的爱民情怀。在现场居民的眼中，正是因为有了无数和张祖林一样不顾个人安危的"人民卫士"，才最终将群众的损失降到了最低点。

张祖林从警15年，既是令犯罪分子闻风丧胆的"钢铁战士"，也是百姓心中的"定心丸"。多年的特警经历，锻造了他热血的警察本色。他说："我将努力践行人民警察的誓言，无论在任何岗位，始终不忘记初心，做好自己，立足本职岗位，用科学严谨的态度对待每一起出勤，尽自己的力量让周围的人更加平安幸福，为实现社会公平正义，贡献出应有的力量。"

听好人故事

# 后记
HOUJI

　　2014年9月5日，中国文明网结合开展多年的网上"我推荐我评议身边好人"活动，策划推出了《好人365》专栏，一年365天，每天讲述一位中国好人的故事，弘扬生活中的真善美。截至目前，栏目已推出2100多期，受到社会各界及广大网友的关注和好评，仅新浪微博话题阅读量已逾24.3亿。与此同时，中国文明网分别于2015年12月、2017年3月、2018年12月，编辑出版了线下同名读本《好人365故事》（青少版）第一季、第二季、第三季，面向青少年读者特别是在校中小学生宣传身边的凡人善举、平民英雄。三季15本，460多个小故事，让孩子们看到了身边很多普通人向上向善的可贵品格，感受到了当代中国在追求美好生活、实现伟大梦想征途上的情怀、境界、精神和力量。

　　为进一步深化社会主义核心价值观宣传教育，引导青少年学习先进典型，我们在以往工作的基础上，继续从《好人365》栏目中精选了163个精彩故事，汇编成《好人365故事》（青少版）第四季。本季图书分为《助人为乐》《见义勇为》《诚实守信》《敬业奉献》《孝老爱亲》五册，故事真切感人，语言流畅生动，并配有大量彩色图片。每个故事都在文末添加了二维码，读者通过扫描二维码还可听故事。

习近平总书记指出："世界上最难的事情，就是怎样做人、怎样做一个好人。要做一个好人，就要有品德、有知识、有责任，要坚持品德为先。"希望这套故事书能够帮助和引导青少年朋友们学会做人、学会做一个好人；能够从身边做起、从小事做起、从现在做起，扣好人生第一粒扣子；能够学习和传承中华优秀传统美德，自觉践行社会主义核心价值观，在人生道路上走得更正、走得更远；也希望更多人能从这些故事中汲取精神营养、感悟道德力量，争当身边好人、争做时代新人，不断凝聚起实现中华民族伟大复兴中国梦的强大力量。

本书在编辑过程中得到了中宣部、中央文明办领导同志的关心和支持，各省（区、市）文明办、文明网积极参与，提供了大量素材。中国文明网承担了本套书的牵头组织协调工作，在此表示衷心感谢！